후회 없는 결정

후회 없는 결정

불확실한 순간을 꿰뚫는 통찰의 기술

웨샤오둥岳晓东 지음 | 박주은 옮김

21세기북스

의사결정을 위한 심리 분석

우리 삶은 하루하루 의사결정을 통해 이루어진다. 좋은 의사결정은 우리에게 기쁨과 만족을 주고, 우리 안에 있는 지혜와 용기를 드러내 보여준다. 그러나 나쁜 의사결정은 수치심과 후회를 낳고, 때로는 목숨마저 위태롭게 한다. 바로 이러한 의사결정에 영향을 미치는 인지, 정서, 인격 요소에 대해 알아보고 주요 사례에 대한 분석을 통해 의사결정 과정의 심리를 파악하는 것이 이 책의 목적이다.

이 책에서는 혁신심리학, 사회심리학, 의사결정 심리학, 정신분석 등 다양한 연구이론을 참고했다. 심리학의 추상적인 개념들을 구체화하고 일상사에 접목한 이 책을 통해 독자들이 심리학을 더 깊이 이해하여 더 나은 결정을 내리는 데 도움이 되기를 바란다.

내용의 충실도를 높이기 위해 관련 인물들의 인용자료 출처를 같이 실었다. 다소 미흡한 부분이 있더라도 독자들의 이해를 바란다.

심리학을 공부하고 있거나 관련된 직업에 종사하고 있는 이들에게 이 책을 바친다. 이 책을 통해 심리학에 대한 이해와 관심이 높아지고 관련 연구나 가르침에도 도움이 된다면, 나로서는 더 바랄 나위가 없다.

　이 책의 정리와 편집, 자료 수집을 맡아준 동료 옌페이嚴飛와 량샤오梁瀟에게도 감사의 말을 전하고 싶다. 두 사람의 노고가 아니었다면 순조롭게 책이 나오기 어려웠을 것이다. 날카로운 눈으로 원고를 다듬고 잘못을 바로잡아준 리신웨이李欣瑋 편집장과 왕란王然 편집자에게도 감사드린다.

　끝으로, 이 책에 실린 견해들은 어디까지나 해당 이론가의 견해임을 강조하고 싶다. 나 역시 그들의 견해를 절대화하거나 지나치게 권위를 부여할 뜻은 없다. 본디 이론이란 실제적인 어떤 문제를 잘 설명하기 위해 가져다 쓰는 도구일 뿐이다. 독자들의 논평을 기다린다. 비판도 환영한다. 개정판에서는 반드시 그 지적을 수용하여 내용을 보완할 생각이다.

　책을 선택해준 독자들의 안목과 앞으로의 비판에 대해 감사드린다.

| 차례 |

제 **1** 장

합리적 선택만이
최상의 의사결정이다

경영의 성패는 의사결정에 달려 있다

우리는 매일 크고 작은 결정을 내리며 살아간다. 크게는 상급학교 진학이나 결혼 혹은 부동산 구입부터 작게는 어떤 옷을 살까, 어디서 밥을 먹을까, 주말엔 뭘 할까 하는 문제에 이르기까지 우리 삶은 매순간의 결정들로 이루어져 있다. 좋은 결정은 우리 삶을 풍요롭게 하고 우리 안에 있는 지혜와 용기를 드러내 보여주지만, 잘못된 결정은 수치심과 후회를 낳고 때로는 우리의 목숨까지 위태롭게 한다.

우리에게도 잘 알려진 『삼국지』에서 제갈량은 '형주와 익주를 차지하고 손권과 연합하여 조조와 대항함으로써 서서히 중원을 도모해야 한다'는 내용의 '융중대隆中對'를 제안한다. 유비는 이 계책을 받아들인 덕분에 촉한蜀漢, 위魏, 오吳로 이루어진 삼국의 형세를 정립할 수 있었다. 명 황제인 주원장(朱元璋, 1328~1398)도 '양식을 모으고 성벽을 높이 쌓은 뒤 칭제해야 한다'는 주승朱升의 계책을 받아들였기에 명 왕조를 세울 수 있었다. 춘추전국시대에 전기田忌가 손빈孫臏의 계책을 받아들여 제나라 위왕威王과의 말 경주에서 승리한 이야기도 빼놓을 수 없다(손빈은 전기의 말들 가운데 힘이 가장 약한 하마下馬와 위왕의 가장 뛰어난 상마上馬를, 전기의 상마와 위왕의 중마

中馬를, 전기의 중마와 위왕의 하마를 대결시키면, 처음 한 번은 지겠지만 나머지 두 번의 시합에서는 이길 수 있다고 제안했다 – 옮긴이). 모두 사람의 지혜에서 나온 계책이다. 이렇듯 의사결정의 성패는 한 사람의 행복을 좌우할 만큼 중요한 문제이므로 우리는 탁월한 의사결정 능력을 갖추기 위해 끊임없이 노력해야 한다.

미국의 기술예측 연구소인 란드RAND에서는 전 세계의 1,000여 개 부도기업 가운데 85퍼센트가 관리자의 부적절한 의사결정 때문에 부도에 이르게 되었다고 분석했다. 하버드 대학 경영대학원에서 가장 중점을 두고 가르치는 경영 과목도 의사결정이다.

"의사결정이 모든 것을 결정한다."

이것이 하버드 대학 경영대학원의 구호다. 관리학에서는 관리의 중점을 경영에 두는데, 경영의 성패가 바로 이 의사결정에 달려 있다.

의사결정학의 대가인 허버트 사이먼(Herbert Simon, 1916~2001)은 의사결정이란 불확실성이 존재하는 여러 선택지 가운데 하나 혹은 그 이상을 결정하는 행동이라고 말한다. 의사결정 과정에는 다음과 같은 세 가지 특징이 존재한다.

1) 의사결정은 여러 개의 선택지를 놓고 이루어지는 결정이다.
2) 의사결정 과정에는 수많은 불확실성이 존재한다.
3) 의사결정 과정은 여러 가지 요소의 영향과 제약을 받는다.

사이먼은 합리적 선택이야말로 최상의 의사결정이라고 주장한다. 최상의 결정을 내리기 위해서는 여러 불확실한 요소들을 배열하는 최선의 방법을 찾아야 한다. 그렇다면 무엇이 최선의 방법일까? 나는 여기서 『논어』에 나오는 '종심소욕불유구從心所慾不踰矩'라는 말을 인용하고 싶다. '마음 가는 대로 행하여도 법도에 어긋나지 않는다'는 말이 어째서 해결책이 될까? 이 말을 요즘 유행하는 다른 표현으로 바꾸면 '손을 쓸 땐 써야 하고, 손을 썼다면 후회하지 말라'는 뜻이다. 사이먼도 강조했듯이, 순전히 이론적인 사고에만 기대어 얻은 방법은 현실에 적용하기가 매우 어렵다. 그러므로 현실에서는 다만 최소한의 만족을 충족하는 방법이면 된다. 우리가 결정을 내릴 때에는 사고, 동기, 경험이라는 요소가 함께 작용한다. 그렇다면 사고, 동기, 경험은 각각 어떤 요소로 이루어져 있으며, 의사결정 과정에는 어떤 영향을 미칠까?

우리에게 많은 것들을 알려주는 사이먼의 의사결정 이론은 어디까지나 경영관리를 위한 것이다. 사이먼이 언급하지 않은 것들에 대해 우리는 심리학을 통해 답을 얻는 수밖에 없다.

 실패한 의사결정과 성공한 의사결정

실패한 의사결정

1960년에 이집트 정부는 범람하는 나일 강에 아스완 댐을 건설하기로 결정했다. 댐이 완공되자 관개면적이 늘어 농지 효율이 크게 높아졌고, 수력발전으로 어마어마한 수익을 얻을 수 있었다. 반면에 나일 강 유역의 생태환경과 국민들의 건강이 급격히 악화되었다. 댐을 통해 관개가 이루어진 토지는 갈수록 비옥도가 떨어졌고, 홍해의 면적이 줄면서 어획량도 급감했다. 흡혈 해충으로 인한 병과 말라리아 등 각종 전염병이 유행하는 부작용도 속출했다.

한마디로, 아스완 댐은 '성공적인 공정, 실패한 의사결정'의 표본이었다.

성공한 의사결정

1969년, '시계 왕국'으로 불리는 스위스에서 세계 최초로 실리카Quartz, 石英 성분을 이용한 전자 손목시계를 개발했다. 당시만 해도 스위스 사람들은 실리카를 이용한 전자기술을 발전시키는 일에 관심이 없었다. 잘못된 시장분석 때문에 실리카 전자기술의 전망이 밝지 않다고 판단한 탓이었다. 그러나 일본 측의 연구조사 결과는 완전히 그 반대였다. 전자 손목시계의 시장 가능성을 확신하고, 대대적인 제품 생산에 착수했다. 그 결과, 일본의 전자 손목시계는 세계 시장을 빠르게 잠식해나갔고, 1976년부터 1985년까지 무려 178개나 되는 스위스 손목시계 공장이 문을 닫았다.

의사결정의 본질은 문제 해결에 있다

심리학에서는 사람의 인지, 감정, 동기, 기능 등의 요소들이 의사결정 과정에 영향을 미친다고 말한다. 그런 의미에서 의사결정 능력을 기르는 것은 그 사람의 종합적인 능력을 신장시키는 것과 같다. '인지적' 측면에서는 수렴적 사고(논리력)와 발산적 사고(상상력), 직관적 사고, 변증법적 사고와 같은 사고능력이 의사결정에 영향을 미치고, '동기적' 측면에서는 신념과 자신감, 자아효능감 등의 요소가, '기능적' 측면에서는 생각의 기

〈표 1-1〉 의사결정의 세 가지 측면

	요점	내용	표현된 결과
사고의 층위	수직적 사고 퍼지 사고 수평적 사고 직관적 사고	• 수렴적 사고, 확정적 사고, 게슈탈트 사고 • 모호한 사고, 퍼지 사고, 임기응변적 사고 • 유동적 사고, 경험적 사고 • 혁신적 사고, 발산적 사고	사고의 개방성
신념의 층위	심사숙고 의결고정 신중한 행동	• 심사숙고해야 믿음을 가질 수 있다. • 목표가 뚜렷해야 신념을 견지할 수 있다. • 손을 써야 할 때는 쓰고, 손을 썼다면 후회하지 않아야 한다.	뚜렷한 신념
인격의 층위	기질 요소 성격 요소 정서 요소 인지 요소	• 자신감, 책임감, 열등감, 나르시시즘 • 극단성, 과격성 • 불안이나 초조 • 문제를 깨닫는 능력	인격적 완성

술과 삶에 축적된 경험이 영향을 미친다.

나는 수년간 혁신심리학과 의사결정 심리학을 가르치면서, 민첩하고도 유쾌한 의사결정으로 가장 현실적인 실천방안을 얻는 원리를 네 가지 사고방식과 세 가지 신념 원칙으로 정리할 수 있었다. 네 가지 사고방식은 수직적 사고, 수평적 사고, 퍼지 사고, 직관적 사고이며 세 가지 신념 원칙은 '심사숙고'의 원칙, '의결고정'의 원칙, '신중한 행동' 원칙을 가리킨다. 그 외에 성공적인 의사결정을 이끄는 요인으로는 우리가 소홀히 여기기 쉬운 '인격'이 있는데, 인격을 이루는 요소는 각각 기질, 성격, 정서, 인지 등이다.

의사결정의 본질은 문제 해결에 있다. 즉 문제가 무엇인지를 정확히 인지하고, 만족스러운 결과를 얻을 수 있는 해결방법을 찾기 위해 사고하는 것이다. 당면한 문제와 그 해결방법은 대개 두 가지 혹은 그 이상인데, 이 가운데 어떤 판단으로 무엇을 선택할지 결정하는 것이 바로 의사결정이다.

의사결정과 문제 해결의 관계에 대해서는 두 가지 관점이 있다. 하나는, 의사결정을 문제 해결을 위한 기초단계로 보는 관점이다. 즉 의사결정이란 선택 가능한 여러 가지 안案을 평가하여 마지막에 최선의 하나를 고르는 작업이라고 보는 것이다. 이 관점에 따르면, 문제를 파악하고 해결방법을 찾는 일만이 아니라 각각의 해결방안에 대한 평가와 최종선택까지가 문제 해결의 과정에 포함된다.

다른 하나는 문제 해결을 의사결정의 하위 요소로 보는 관점이다. 즉 문제 해결이 정확한 방법으로 자잘한 문제를 처리하는 일이라면 의사결정은 그보다 더 복잡한 문제, 즉 위험성이 높은 상황에서 선택 가능한 몇 가지 방안 가운데 하나를 고르는 일이라고 보는 것이다.

두 관점은 서로 강조하는 부분이 다르긴 하지만, 의사결정과 문제 해결을 둘 다 비슷한 과정으로 본다는 공통점을 갖고 있다.

예문 의사결정의 대가, 덩샤오핑

덩샤오핑鄧小平은 중국의 개혁개방을 설계한 인물이다. "나는 조국과 인민을 뜨겁게 사랑하는 중국 인민의 아들"이라고 말했던 그는, 의사결정에 필요한 사상적 개방성과 확고한 신념, 인격적 완성이라는 자질을 고루 갖춘 지도자이기도 하다.

사고 차원에서 보면, 덩샤오핑의 의사결정에는 수직적 사고와 수평적 사고, 직관적 사고, 퍼지 사고가 모두 담겨 있다. 그는 어떤 개혁이든 순차

성과 점진성을 강조했다. '선 농촌, 후 도시', '선 농업, 후 공업', '선 연해沿海, 후 내륙', '선 경제, 후 정치', '선 홍보, 후 행동', '선 시범, 후 확대'와 같은 방침에서 이 같은 특징을 볼 수 있다.

또한 그는 사회주의 시장경제를 발전시키는 것만이 중국을 부강하게 만들 수 있는 방법이라고 확신했다. 이를 위해 그는 마르크스 이념의 문구에 얽매이기보다 중국 특색의 사회주의를 대담하게 발전시켜나갔다. 지나치게 급진적인 개혁은 혼란을 야기하거나 기존 제도를 붕괴시킬 수 있으므로 개혁을 할 때에는 원래 있던 법과 제도를 토대로 다듬거나 발전시키는 방향이 바람직하다. 그렇다고 두려운 마음에 머뭇거리다가 개혁이 미흡해지면 그 효과를 거둘 수 없게 된다. 개혁에 대한 신념이 굳건했던 덩샤오핑은 시기와 자원을 적절히 안배하면서 차질 없이 개혁을 밀고 나갔다. 그는 꼼꼼하고 조심성 있는 성격으로 알려져 있지만, 개혁을 할 때에는 나아가는 용기 못지않게 물러날 줄 아는 지혜도 필요하다는 것을 잘 아는 지도자였다.

그는 신중하고 치밀하게 심사숙고하는 지도자이기도 했다. 마오쩌둥毛澤東은 그런 덩샤오핑에 대해 '솜 안에 바늘을 감춘 사람'이라고 표현하기도 했지만, 세 번의 정치적 실각에도 불구하고 세 번 모두 재기에 성공한 그의 인생역정은 정파를 뛰어넘어 사람을 끌어들이는 인간적 매력을 보여준다. 88세의 나이에 노구를 이끌고 중국의 개혁개방을 위해 중국 남방 지역을 순회하며 독려 연설을 하기도 했던 그의 열정이야말로 중국의 발전 동력을 한 단계 끌어올리는 힘이었다.

덩샤오핑은 신념과 인격, 인내 모든 면에서 세계적인 의사결정의 대가였다!

성공적인 의사결정을 위한 '세 가지 보물'

의사결정의 최고급 내공은 통찰력Insight이다. 통찰력은 매우 특수한 사고능력을 가리킨다. 통찰력을 갖춘 사람은 물리적 도구 없이도 사물의 본질과 내부 구조를 정확하게 파악한다. 통찰력, 직관, 예감은 얼핏 서로 비슷해 보이지만 큰 차이가 있다. 직관과 예감이 사물의 표면적 변화에 치중한 판단이라면, 통찰력은 사물의 본질을 파고드는 능력이다. 그래서 통찰력에 동원되는 지적 능력이 직관이나 예감에 필요한 것보다 훨씬 깊고 광범위하다. 이런 통찰력은 과학 연구의 가설에서도 흔히 볼 수 있다.

통찰력은 현상을 통해 본질을 보는 힘이고, 프로이트 식으로 말하면 의식으로 변환된 무의식이라 할 수 있다. 통찰력 있는 의사결정의 주체는 의사결정 과정에 숨은 맹점을 찾아내고, 상황을 보다 정확하게 판단해서 가장 합리적인 결정을 끌어낸다.

통찰력은 결코 한순간에 얻어지지 않는다. 바둑의 급수처럼 천천히 한 단계씩 발전한다. 통찰력이 발전하기 위해서는 사고의 다양성과 신념의 안정성, 축적된 방법론, 의사결정 동기의 정확성과 같은 심리적 기반이 필요하다. 이 네 가지 능력은 '의사결정의 통찰력'이라는 피라미드를 이루는 네 개의 면과 같다. 의사결정의 주체가 이 네 가지 소양을 부지런히 쌓으면서 판단능력을 키워나가다 보면, 이 네 가지 소양은 최고 수준에서 통합을 이루게 된다. 그 지점이 바로 의사결정의 통찰력이 빛을 발하는 피라미드의 꼭대기다(그림 1-1).

의사결정의 성패는 통찰력 외에도 다른 많은 요소에 의해 결정된다. 그

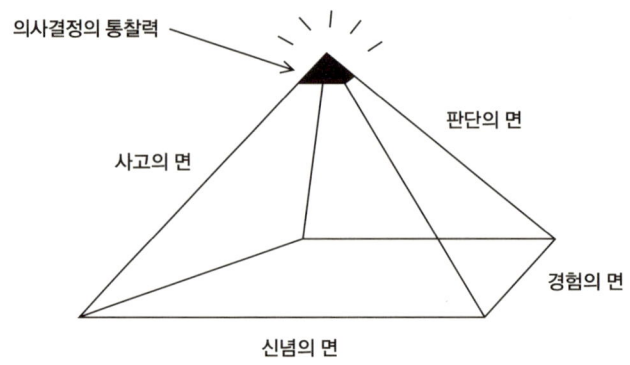

〈그림 1-1〉 의사결정의 통찰력

모든 요소들이 골고루 힘을 발휘해야 성공적인 의사결정이 이루어진다. 이 가운데 가장 관건이 되는 세 요소는 '과감하게 생각하기', '천천히 결정하기', '빠르게 행동하기'이다(표 1-2).

- 과감하게 생각하면, 생각의 길이 넓게 열리고 결정의 핵심이 되는 실마리를 찾을 수 있다.
- 천천히 결정하면, 무엇을 택해야 할지 분명해지고 선택의 결과도 실제에 부합하게 된다.
- 모든 결정이 이루어졌다면, 빠르게 행동하는 것만이 가장 좋은 실행이다.

이것이 바로 성공적인 의사결정을 위한 '세 가지 보물'이다.

〈표 1-2〉 성공적인 의사결정을 위한 '세 가지 보물'

과감하게 생각하라	• 과감하게 자아의 틀을 깨고, 익숙해진 생각의 길을 벗어나라. • 남들이 감히 생각하지 못하는 것을 생각하고, 남들이 감히 만들어내지 못하는 것을 만들어내라. 남들이 하는 말이나 남들이 따르는 길을 과감히 벗어나라. • 오래된 습관을 깨뜨리고, 세상의 관습이나 관념에 얽매이지 마라.
천천히 결정하라	• 결정을 하기 위해서는 용기도 필요하지만 인내심도 필요하다. 용기만 있고 인내심이 없으면 '빨리 결정하고 빨리 실패' 하기 쉽다. • 좋은 아이디어가 좋은 결정으로 이어지기 위해서는 관련 사항을 광범위하게 조사하고, 아이디어를 구현하는 데 필요한 것이 무엇인지 파악해서 보완해야 한다. • 참신한 아이디어가 있다 해도 바로 실행하지 마라. 최종결정을 내릴 때까지는 '왜' 라는 질문을 수없이 던져라.
빠르게 행동하라	• 결정을 내리기 전까지는 인내심이 필요하지만, 결정을 실행하는 단계에서는 '속도' 가 중요하다. 행동해야 할 때는 머뭇거리지 마라. 여우 때문에 뒷걸음질 치다가 뒤에서 호랑이를 만날 수도 있다.

예문 저우언라이의 통찰력

저우언라이周恩來는 당 내에서 처음으로 '좌경화' 가 '우경화' 만큼이나 위험할 수 있다고 지적했던 인물이다. 그가 1924년에 쓴 『혁명구국론』을 통해 우리는 그의 정치적 통찰력을 읽을 수 있다.

'약소한 민족은 반드시 국민운동을 통해 국민혁명을 도모해야 한다. 그렇게 하지 않으면 산업진흥을 통한 구국이라는 우경화 노선이나 일체의 자유행동을 부정하는 좌경화 노선 가운데 하나로 흐르게 된다. 좌경화 혹은 우경화의 길로 들어선 나라는 발전 가능성 없는 열강 자본주의의 꼬리를 붙잡고 목숨을 연명하게 될 뿐이다.'

중일전쟁(1937~1945)과 해방전쟁(1946~1949, 국공내전 또는 인민해방전쟁이라고도 한다-옮긴이) 시기에도 저우언라이는 토지혁명전쟁(1927~1937, 10년내전이라고도 한다 - 옮긴이) 때 벌어진 좌경화의 오류를 잊지 않고 있었다. 옌안延安에서 정풍운동(1942년, 당내 투쟁을 효과적으로 전개하기 위해 마오쩌둥이 주창한 당원 활동 쇄신운동 - 옮긴이)이 일어났을 때에도 그는 「공산 인터내셔널의 지시와 반反 리싼(立山, 중국의 정치가이자 공산당 지도자인 리리싼〔李立三, 1896~1967〕을 가리킨다 - 옮긴이) 노선에 관한 연구」, 「신新 리싼 노선에 관한 연구」, 「중국공산당 6大(제6차 전당대회, 도시 노동자 중심의 광동 코뮌 대신 내륙의 농민 중심 혁명을 주장했다 - 옮긴이)에 관한 연구」 등 좌경화 노선의 오류를 전면 분석하는 글을 썼다.

'중국 공산당 역사에서 우경화의 오류가 발생한 기간은 짧았고, 오류를 수정하기도 쉬웠다. 반면 좌경화의 오류가 발생한 기간은 길었으며 오류를 수정하기도 매우 어려웠다. 모두가 좌경화된 자신을 더 명예롭게 생각했기 때문이다. 그러나 객관적으로 보았을 때 그것은 적을 돕는 일에 지나지 않았다.'

저우언라이의 이런 통찰력에 대해 시인 궈모뤄(郭沫若, 1892~1978)는 이렇게 말했다.

"방전되는 불꽃처럼 반응이 빠르고, 수은처럼 생각이 치밀한 사람."

이 또한 본질을 꿰뚫는 표현이 아닐 수 없다!

궁하면 변하고, 변하면 통한다

성공적인 의사결정을 위해서는 원칙과 융통성의 통합이 필요하다.

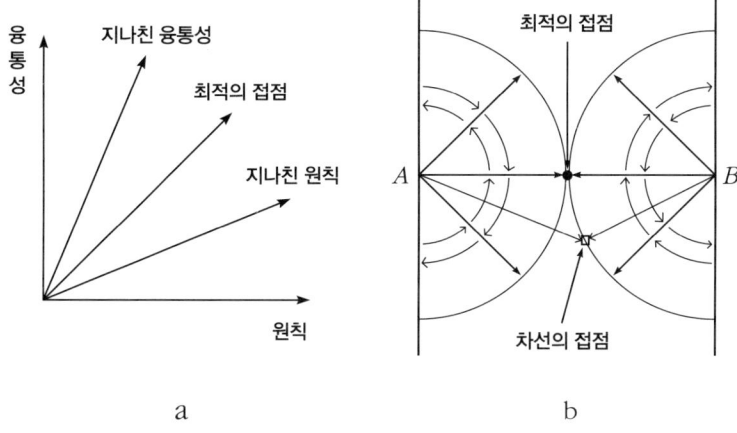

〈그림 1-2〉 원칙과 융통성의 결합

원칙은 사회적인 질서 혹은 행동 규범이며, 융통성이란 그 규범을 완화시키거나 다르게 적용하는 것을 말한다. 원칙이 너무 강하면 옳고 그름에만 얽매이다가 곤경에서 벗어나지 못하고, 새로운 가능성을 개척하기도 어렵다. 반대로 융통성이 지나치면 마음 가는 대로 결정하고 행동하게 되어 신뢰를 얻기 어렵고, 의사결정의 방향성도 불분명해질 수 있다(그림 1-2의 'á'). 그러므로 의사결정의 주체는 원칙과 융통성이 서로 보완되는 지점을 찾아내는 게 중요하다. 그러나 접점은 말 그대로 접점이기 때문에 원칙과 융통성이 꼭 맞게 보완되는 지점을 찾기란 결코 쉬운 일이 아니다(그림 1-2의 'b'). 원칙만 강조하다 보면 자칫 틀에 박힌 사람으로 낙인찍히기 십상이고, 융통성만 강조할 경우 아무도 믿어주지 않는 얼간이 취급을 받게 된다. 과하지 않은 최적의 선이 어디인가를 가늠해서 두 선을 이으면 접점을 찾을 수 있다.

맹자는 "지금은 하지 않기로 한 일이어도 나중엔 하게 될 수 있다"라고 말했는데, 명대의 여곤呂坤은 『신음어呻吟語』 「인품人品」 편에서, 이 말을 "하지 않기로 한 일이어도, 하기로 마음만 먹으면 반드시 이룰 수 있다"라고 보완했다. 명대 장수인 왕명학王鳴鶴도 "기보가 바둑의 변화무쌍한 수를 따라갈 수는 없고, 법이 아무리 냉엄해도 목숨을 바쳐 싸우는 전투와 기세가 같을 수는 없다"라고 말했다. 의사결정처럼 복잡다단한 일에도 사람의 능동성과 창조성이 발휘될 공간이 필요하다. 규범과 원칙의 그물 사이사이에 융통성이 발휘될 만한 공간, 일종의 '회색지대'를 마련해두어야 한다. 퍼지 사고의 정점이라고도 할 수 있는 '통변通變'은 원칙과 융통성의 아름다운 결합이다.

사람들은 흔히 임기응변이라고도 하는 '통변'을 더 융통성 있는 수완으로 여기는 것 같다. '전통'이나 '가법家法'을 내세우면서 외부환경에 '적응'하지도, '응변應變'하지도, '변화를 구하려' 하지도 않는 사람에 대해서는 종종 '꼴통'이라는 표현을 하면서도, '궁하면 변해야 한다, 변하면 통한다窮則變, 變則通'라고 서슴없이 강조하니 말이다.

예문 융통성 있는 의사결정으로 양아버지를 도운 증국번[01]

동치(同治, 청대 목종의 연호로 1862~1874년까지를 가리킨다 – 옮긴이) 연간, 형양(衡陽, 중국 호남성湖南省에 있다 – 옮긴이)에서 우직하게 농사를 지으며 살아가던 노인이 청명절(음력 24절기 가운데 하나로 춘절, 단오절, 중추절과 함께 중국의 4대 명절이다)에 묘를 손질하다가 어떤 사람과 시비가 붙게 되었다. 그 사람은

---

01 – 류위에루劉躍儒, 『증국번 : 대성공을 이끌어낸 49가지 작은 성공들』, 중국사회출판사, 2001.

남보다 돈과 권세가 있다는 이유로 자기네 가족묘를 노인의 묘터에 함부로 옮기려 했으며 이미 형양현, 형주부의 담당자들까지 구워삶아놓은 뒤였다. 수세에 몰린 노인에게 어느 날, 친구가 찾아와 말했다.

"사람 참 답답하기는. 왜 그 남경南京에 양강총독兩江總督으로 있는 양아들이 있지 않은가? 지위도 꽤 높아서 모르는 이가 없다던데!"

"맞다! 내가 왜 그 생각을 못했지?"

노인은 그날로 짚신과 두루마기, 우산을 챙겨 남경으로 갔다. 노인이 양강총독아문에 도착하자, 문을 지키는 관원이 무슨 일로 왔느냐고 물었다.

"내 양아들 관일寬一을 보러 왔소."

노인은 당당하게 말했지만, 증국번(曾國藩, 1811~1872, 중국 청대의 행정가 및 관리지도자. 태평천국운동을 진압하여 청의 붕괴를 막는 데 공헌했다 — 옮긴이)의 아명이 관일인지 관이인지 알 리 없는 관원은 문을 열어주지 않았다. 그런데 마침 총독께서 출타하신다는 소리가 들려왔다. 그러자 다급해진 관원은 서둘러 노인을 쫓아냈다. 노인은 할 수 없이 문 틈새로 관아를 들여다보았다. 가마에 오르고 있는 사람은 틀림없는 자신의 양아들, 증국번이었다.

"관일아!"

증국번은 느닷없이 들려온 고향 말투에 놀라 가마를 세웠다. 가마에서 내린 그는 더 크게 놀라지 않을 수 없었다.

"아니, 양아버님 아니십니까? 여기까지 어인 일로 오셨습니까?"

노인은 찾아온 이유를 소상히 설명했다. 그런데 증국번은 노인의 말을 가로막으며 이렇게 말했다.

"그 말씀은 나중에 차분히 듣겠습니다. 오랜만에 이곳까지 오셨으니 며칠 푹 쉬시면서 이곳 풍광이나 즐기십시오."

그리고는 자신과 고향이 같은 다른 관원을 급히 불렀다.

"아버님, 저는 공무가 있어 관아를 며칠 비워야 합니다. 대신 이 친구가 곁에서 잘 모실 테니 근처 호수라도 천천히 둘러보십시오. 공자님 사당을 비롯해서 좋은 명승지가 아주 많습니다."

그러나 일이 다급해져 남경까지 온 노인은 명승지 구경이 내키지 않았다. 노인은 며느리에게 다시 사정을 설명하고, 양아들에게 잘 전해달라고 부탁했다. 그런데 며느리도 며칠 머물면서 잘 쉬시라는 말뿐이었다.

그렇게 사흘이 지났다. 증국번이 공무를 마치고 돌아오자, 부인이 다시 노인의 사정을 자세히 전했다.

"서방님이 형주에 서신을 써 보내시면 어떻겠습니까?"

그러자 증국번이 한숨을 쉬며 말했다.

"이미 서신을 보냈소만, 거기서는 지방관아의 일에 참견 말라고 하오. 수천 리나 떨어져 있는 곳의 일을 내 무슨 수로 관여하겠소? 그렇다고 수수방관할 수도 없고……."

"아버님은 평생을 농사만 짓고 사신 우직한 분이지만, 남의 꾐에 넘어갈 분도 아니잖아요? 그렇다면 복잡하게 처리할 일은 없을 것 같은데요?"

부인의 설득에 증국번도 마음이 움직이던 차, 마침 황궁에서 직위 승급 교지를 받게 되었다. 이튿날 증국번의 승진을 축하하기 위해 남경의 문무 관원들이 모두 관아에 모였다. 증국번은 양아버지를 주연의 상석에 모시고, 술잔을 들어 모든 관원들에게 자신의 양아버지를 소개했다. 관원들이 모두 일어나 축하 인사를 하고 있을 때, 관원 하나가 붉은 비단에 싼 작은 상자를 가지고 왔다. 증국번은 상자를 열고, 안에 든 쥘부채를 꺼냈다.

"이것은 제가 양아버님을 위해 준비한 선물입니다. 하객 여러분께서 허락해주신다면, 오늘 오신 분들의 이름을 이 부채에 적어 오래도록 기념하고자 합니다."

그러자 하객들이 동작을 멈추고 일제히 부채를 바라보았다. 증국번은 먼저 '아버님께, 아들 증국번 올림'이라고 쓴 뒤 하객들에게 부채를 돌렸다. 하객들은 흔쾌히 자신의 이름을 부채에 적었다. 멋진 시 한 수를 보태는 사람도 있었다. 그렇게 한 시간쯤 지났을까. 부채는 어느 새 남경 관원들의 이름으로 빼곡히 찼다. 증국번은 부채를 다시 붉은 비단에 싸서 공손히 양아버지께 올렸다. 노인도 예의를 갖추어 선물을 받으며 하객들에게 일일이 감사 인사를 했다.

축하연이 끝나고 고향으로 돌아온 노인은 당장 형주지부로 갔다. 일부러 크게 부채질을 하면서 지부 안으로 들어가려는데, 관원이 노인을 막아 세웠다. 관원은 노인의 손에 들린 부채를 보면서 말했다.

"그런 건 가지고 들어갈 수 없소!"

노인이 못 들은 척하며 계속 부채질을 하자, 관원이 부채를 빼앗아 바닥에 내동댕이쳤다.

"아이고, 이러지 마시오. 이건 내 아들이 준 선물이란 말이오."

노인이 큰 소리로 소란을 피우자 화가 난 지부가 직접 밖으로 나왔다.

"무엄하구나! 도대체 그게 무엇이라고 이리 소란이란 말이냐?"

부채를 펼쳐든 지부의 얼굴빛이 확 달라졌다.

"으음……."

지부는 부채를 앞뒤로 뒤집어가며 자세히 살펴보더니, 관원들에게 모두 물러가라고 말했다.

전하는 말에 의하면 그날 노인은 부채를 공손히 돌려받았을 뿐 아니라 지부가 마련해준 가마를 타고 집으로 돌아왔다고 한다. 묘터 문제 또한 어렵지 않게 해결되었으리라고 추측해볼 수 있다.

증국번은 지방관아의 일에 간여해서는 안 된다는 원칙을 어기지 않으면서도 적절한 방법으로 난제를 해결한 셈이다. '통변'의 지혜란 바로 이런 것이 아닐까.

유리한 입장에서도 불리한 조건을 생각하라

의사결정의 비결을 단순하게 요약하면, 유리함을 비교하여 무거운 쪽을 택하고 불리함을 비교하여 가벼운 쪽을 택하는 것이라고 할 수 있다. 즉 유리한 상황에서는 가장 유리한 것을 택하고, 최악과 차악 중에서 선택해야 할 때는 그래도 차악이 낫다는 뜻이다(그림 1-3).

'유리함을 비교하여 무거운 쪽을 선택'하는 것은 어렵지 않아 보인다. 각 안案의 장단점을 비교해서 장점이 가장 크고 단점이 가장 적은 것을 택하면 되기 때문이다. 그러나 선택이 진실로 만족스러우려면, 가장 중요한 이익을 얻는 데 따르는 다른 대가를 모두 감당하겠다는 책임감이 있어야 한다. '이것은 좋으나 저것이 문제'라는 식으로 끊임없이 불만거리를 찾아내다가는 최적의 결정을 내릴 수 있는 타이밍마저 놓치고 만다.

'불리함을 비교하여 가벼운 쪽을 택하는' 것도 마찬가지다. 각 선택지의 단점을 비교하여 가장 가벼운 것을 택하면 된다. 그런데 심리학적으로

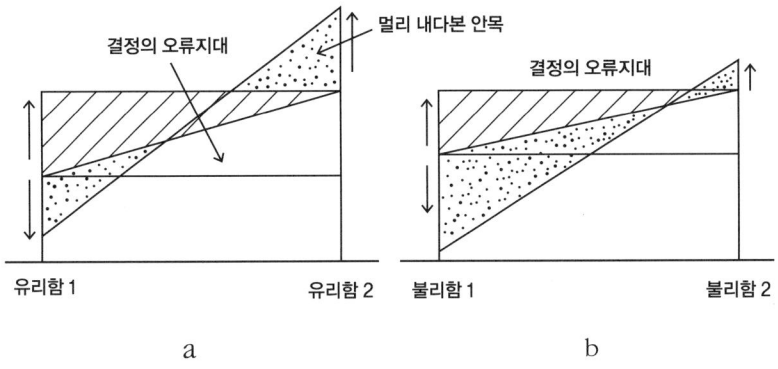

〈그림 1-3〉 유리함과 불리함에 관한 선택

의사결정의 주체는 아무것도 정해지지 않은 불안정한 상태를 매우 견디기 어려워한다. 특히 낯선 것을 두려워하는 경직된 사고방식을 가진 사람은 선택지의 장단점을 객관적으로 분별하기 어려워 주관이나 편견에 치우친 결정을 내리기 쉽다.

　손자孫子는 "지혜로운 자는 유리한 입장에서도 불리한 조건을 생각하고, 불리한 입장에서도 유리한 조건을 함께 생각한다. 유리한 면을 깊이 고려하면 전투를 성공적으로 이끌 수 있다. 불리한 면에 대해 숙고하면 닥쳐올 근심을 해결할 수 있다"[02]라고 말했다. 유리함과 불리함은 어떤 상황이든 서로 긴밀하게 얽혀 있다. 그러므로 조건이 바뀌면 유리했던 것이 불리한 것이 되기도 하고, 불리하게 보였던 것이 이점으로 탈바꿈하기도 한다.

---

02 ‒ 이 구절은 현명한 장수라면 이로움과 해로움이라는 두 가지 측면을 고려해야 함을 의미한다. 불리한 상황에서 유리한 조건을 보아야 믿음을 키울 수 있고 곤경 속에서도 해결의 실마리를 찾을 수 있다. 반면 순조로운 상황에서 불리한 요소를 볼 수 있어야만 우환을 미연에 방지할 수 있는 것이다.

불리함을 헤아려 가벼운 쪽을 택하라

북송 시대(960~1126)의 기녀인 이사사李師師는 미색과 기예 모두 출중한 여인이었다. 같은 시대의 문인 주방언周邦彦도 사詞와 곡曲에 모두 능했는데, 특히 가기歌妓라면 그의 이름을 모르는 이가 없을 정도였다. 이사사와 주방언은 서로 깊이 연모하는 사이였다. 주방언은 자주 이사사를 찾아가 밤을 보냈고, 이사사도 가까운 장래에 주방언과 혼인하리라 마음먹고 있었다. 두 사람은 봄이 오면 혼례를 치르기로 약속했다.

그런데 전혀 예상치 못했던 일이 두 사람 사이에 끼어들었다. 개봉성開封城 안의 모든 사람들이 등을 켜들고 거리로 나오는 원소절(元宵節, 음력 1월 15일)에 송 휘종도 미복을 하고 궁 밖으로 나왔다. 휘종은 심복 몇 사람만 데리고 거리의 등불을 구경하던 중 이사사가 있는 기방 앞을 지나게 되었다. 이때 심복 하나가 잠시 이곳에 들렀다 가자고 청했다. 그렇게 기방에 들어간 휘종은 이사사의 미모에 한눈에 반하고 말았다. 그날 이후 휘종은 종종 이사사의 집에 들러 음주와 가무를 즐겼다.

예상치 못한 황제의 방문에 이사사는 당황스러웠다. 그녀는 원래 주방언의 재능을 흠모하여 그와 백년해로할 생각이었다. 그런데 뜻밖에도 황제가 그녀에게 궁으로 와서 황비가 되어달라고 청했다. 사실 황궁에는 이사사처럼 미색이 뛰어나면서 문학적 소양까지 갖춘 여인이 거의 없었다. 이사사는 자신이 궁에 들어가기만 하면, 평생 황제의 사랑을 독차지할 수도 있을 것 같았다. 주방언과 혼인하여 평생 평민으로 살다 죽을 것인가, 황제의 청대로 궁에 들어가 황비로 살 것인가. 이사사는 좀처럼 마음을 정할 수 없어 괴로웠다.

그러던 어느 날, 주방언이 몰래 이사사를 찾아갔다. 두 사람이 한창 사랑의 밀어를 속삭이고 있을 때, 문 밖에 황제의 어가가 당도했다는 전갈을 받았다. 이사사는 놀란 주방언을 급히 숨기고 휘종을 맞이했다. 휘종은 강남에서 진상해온 등자(橙子, 등자나무의 열매)를 이사사에게 건넸다. 이사사는 병주幷州에서 만든 칼과 동오東吳에서 생산된 고운 소금을 꺼내고, 껍질을 벗겨 얇게 저민 등자를 소금물에 적셨다. 휘종은 등자를 먹으며 이사사의 생황 연주를 듣다가 이사사와 함께 침대에 누웠다. 휘종은 그날 밤 그곳에서 묵고 싶다고 말했다. 이사사는 휘종의 청을 받아들였다. 어두운 곳에 숨어 있던 주방언은 밤새 휘종과 이사사의 밀어를 엿들으며 괴로워했다. 「소년유少年游」(길 가는 사람이 적다는 뜻 - 옮긴이)는 바로 이날의 심경을 읊은 사詞이다.

병주의 칼은 물처럼 맑고,
동오의 소금은 눈보다 하얗네.
등자를 다듬는 여리고 하얀 손.
향이 피어오르는 비단장막 안에서
마주 앉아 부는 생황 소리.

"오늘은 어디서 묵으시렵니까?
성 안에서는 삼경(三更, 밤 11~1시)을 알렸고
밖은 서리가 수북하여 말 달리기 미끄러우니
부디 나가지 마시어요.
길 가는 사람도 없는 깊은 밤이옵니다."

이 사는 금세 황궁에까지 전해졌다. 사를 듣고 크게 노한 휘종은 애꿎은 재상 채경蔡京을 불러 다그쳤다.

"주방언이라는 세관이 공무에 태만하다는데 어찌 처벌하지 않는단 말이냐?"

휘종이 왜 갑자기 호통을 치는지 영문을 알 리 없는 채경은 황제의 분부대로 세관 주방언을 조사해보았다. 그러나 주방언은 아무리 털어보아도 흠 하나 없을 만큼 공무를 잘 수행하고 있었다. 그럼에도 불구하고 휘종은 끝내 공무태만을 이유로 주방언을 멀리 귀양 보냈다.

이 소식을 들은 이사사는 부디 처벌을 거두어달라고 휘종에게 간청했다. 휘종은 이사사의 청을 외면할 수 없어 결국 주방언의 직위를 회복시켜주었다. 이 일로 이사사는 더 이상 주방언과의 연을 이어갈 수 없게 되었고, 휘종은 그날 이후 이사사를 궁으로 불러들이려는 마음을 접었다.

이사사의 잘못은 아무것도 제대로 선택하지 않았다는 데 있었다. 어느 쪽도 버리기 아까운 선택이라 할지라도 자신에게 가장 이로운 하나를 고를 수 있어야 한다. 어느 쪽도 버리기 아깝다는 이유로 아무것도 버리지 않았던 이사사는 그 대가로 어느 한 가지 이로움도 제대로 누리지 못한 채 쓸쓸한 여생을 보내야 했다.

돌을 더듬으며 강을 건너라

의사결정의 유동성이란 '돌을 더듬으며 강을 건너듯' 변화 한가운데에서 의사결정에 가장 좋은 타이밍을 찾는 노력이다.

'돌을 더듬으며 강을 건넌다'는 말은 얼핏 경험주의로 들릴 수도 있지만, 실은 도식화된 의사결정 과정을 탈피하여 리더의 독자적인 신념과 과감한 혁신으로 효과적인 리더십을 구현하는 방법이다. 미국의 저명한 경영전문가인 피터 드러커(Peter Drucker, 1909~2005)는 답을 찾는 데만 중점을 두어서는 안 된다고 말한다. 의사결정의 주체가 가장 먼저 해야 할 일은 진짜 문제가 무엇인지 파악하고, 문제의 성격을 정확히 규정하는 것이다. 문제를 정확하게 파악하면 해결책을 찾는 방법도 비교적 정확하게 접근할 수 있다. 일시적으로 잘못된 판단을 내렸다 하더라도 문제 해결의 방향과 목적이 정확하다면 국면이 전환될 수도 있다. 그러나 문제를 정확하게 파악하지 못할 경우 해결책으로 찾은 답도 해결책이 되지 못할 수 있다.

'돌을 더듬으며 강을 건넌다'는 말은 일정한 형식이나 규정에 구애받지 않고, 의사결정의 주체가 지닌 소양과 안목을 바탕으로 방향을 찾으면서 전진한다는 뜻이다. 의사결정 초기에는 최소한의 목표와 첫발을 떼는 행동만 있으면 충분하지만, 시간이 흐를수록 목표를 좀 더 가다듬고 행동 방안도 수정해나가는 노력을 멈추지 말아야 한다. 이런 방법은 얼핏 주먹구구식으로 보일 수 있는데, 사실 의사결정 과정을 간소화하면서도 결정의 질을 높이는 장점을 지니고 있다. 이때 빠질 수 없는 것이 바로 의사결정 과정 중간중간에 활용되는 '학습 시스템'이다. 중간중간 '돌을 더듬는' 노력이 바로 주기적인 학습에 해당한다.

이홍장이 해결한 증국번의 난제

함풍咸豊 10년에 영국 · 프랑스 연합군이 북평(北平, 베이징의 옛 이름 - 옮긴이)을 침공하자, 함풍제는 열하(熱河, 중국 하북성河北省에 있는 승덕承德의 옛 지명 - 옮긴이)로 피신하기 위해 증국번에게 호위군사를 요청했다. 그러나 당시는 이원도李元度가 휘주徽州를 잃은 직후여서 증국번의 처지도 위태롭기는 마찬가지였다. 증국번도 북평으로 가서 황제를 호위해야 한다는 생각을 안 한 것은 아니지만, 안휘성에서 북평까지는 한 달이 족히 걸리는 거리였다. 그 사이에 상황이 어떻게 변할지 예측할 수도 없는데다, 태평천국군에게 크게 패한 지도 얼마 안 된 때여서 증국번은 황제의 교지를 받들기가 실로 난감했다.

이때 이홍장李鴻章이 증국번에게 도움이 될 만한 묘책을 내놓았다. 증국번과 호림익(胡林翼, 1812~1861, 청나라 말기의 정치가이자 군사가 - 옮긴이) 가운데 누가 호위군을 이끌기에 적합한지 하명해달라는 서찰을 북평에 올리자는 제안이었다. 서신이 조정에 닿는 동안 이곳 형세의 추이를 좀 더 지켜볼 수 있고, 혹시 상황이 긴박하게 돌아간다 해도 그때 가서 북평행을 결심해도 늦지 않기 때문이었다. 사실 이홍장은 북평이 위태로워지는 일은 없을 거라고 판단했다. 영국 · 프랑스 연합군이 의화단의 난을 빌미로 강화협상을 벌여 거액의 배상금을 받아내면 더 이상의 군사 행동은 없을 것이라고 생각했기 때문이다. 그가 보기에 청 왕조에 정말로 위협적인 존재는 영국 · 프랑스 연합군이 아니라 태평천국군이었다. 증국번이 이끄는 상군湘軍은 태평천국군에 대한 경계심을 늦추지 않은 채 북평행을 미루면서 상황이 변하기만을 기다렸다.

이홍장의 제안을 들은 증국번은 그의 말대로 자신과 호림익 가운데 한 사람을 호위장수로 택해달라는 내용의 상소를 조정에 올리는 한편, 태평천국군과의 전면전을 최대한 늦추기 위해 노력했다. 그런데 바로 그때, 전혀 예상치 못한 일이 벌어졌다. 10월에 청 정부와 영국·프랑스 연합군 사이에 '강화'가 성립되는 바람에 북평으로 갈 일 자체가 없어진 것이다. 그런데 같은 교지를 받은 하남성河南省과 섬서성陝西省 순무巡撫들은 교지를 받는 즉시 군사를 모아 북평으로 떠나는 바람에 재산 손실과 인력 낭비가 매우 심했다고 했다. 그들은 헛걸음이 된 군사 행동에 막대한 자원을 써버린 셈이다.

이홍장의 묘책이 아니었다면 증국번도 같은 처지에 놓였을 것이다. 이홍장이 증국번에게 내놓았던 제안이야말로 본격적인 결정을 내리기에 가장 적합한 타이밍을 기다리는, 유동적 계책이었다.

예측하면 설 수 있고, 예측하지 못하면 쓰러진다

의사결정은 대단히 어렵고 복잡한 과정이기 때문에 시작부터 끝까지 완벽할 수만은 없다. 특히 상황에 대한 인식이라든가 문제 해결의 방향이 불분명한 채로 판단착오까지 더해지면, 의사결정은 반드시 실패하게 되어 있다.

예측이 중요한 것은 바로 이 때문이다. 예측이란 사물의 발전 추세라든가 미래에 펼쳐질 만한 상황, 그 이후의 결과, 영향 등을 분석하고 판단하

〈표 1-3〉 의사결정 이전에 파악하고 있어야 할 '네 가지 지식'

정보에 대한 지식	• "정보가 곧 돈이요, 의사결정은 곧 생명과도 같다." 성공적인 의사결정은 정확하고 시의적절하며 믿을 수 있는 정보에 달려 있다. • 의사결정의 주체는 세심한 주의력으로 정보들을 관찰하면서 그 가운데 무엇이 가장 핵심적인지 발견할 수 있어야 한다.
타이밍에 대한 지식	• 지나치게 이른 결정은 의사결정의 비용을 증가시키고, 인력과 자원의 손실을 가져온다. • 때늦은 의사결정은 모든 상황이 변한 이후의 결정이기 때문에 현실에 적용하기 어렵고, 적용한다 해도 실패할 가능성이 높다.
상황에 대한 지식	• 의사결정의 정확도는 결정의 결과가 실제 정황에 얼마나 부합하는가에 따라 결정된다. • 주워듣는 소문에 의지하지 말고, 반드시 직접 실제 정황을 조사하라. 깊이 조사할수록 의사결정의 성공률도 높아진다.
변화에 대한 지식	• 모든 것은 변화하고 발전하게 마련이다. 그러므로 의사결정의 주체도 상황 변화에 따라 변화할 수 있어야 하며, 변화를 예측하고 변화에 대비하고 있어야 한다. • 변화에 빠르게 적응하는 것도 성공적인 의사결정을 위해 필요한 능력이다.

는 일을 가리킨다. 미래에 전개될 발전 추세를 이해함으로써 불특정 요소가 의사결정에 미치는 영향을 줄이기 위해서다. 『삼국지』에서 제갈공명이 '동풍을 이용해 조조군을 섬멸' 하는 이야기가 바로 예측에 기반을 둔 승리에 해당한다.

흔히 '토끼는 세 개의 굴을 판다' 는 말이 있다. 늑대와 같은 천적의 침입을 막기 위해 굴 안에 세 개의 도주로를 만들어두는 것이다. 의사결정 과정에도 이런 '세 개의 굴' 이 필요하다. 적의 상황을 분석하고, 우리 측의 유리함과 불리함을 헤아린 뒤, 여러 가지 발생 가능한 상황에 대해 심리적인 대응을 해야 한다. 그러나 성공적인 의사결정을 위해 교활한 토끼가 되는 데만 그쳐서는 안 된다. 교활한 늑대도 될 수 있어야 한다. 교활한 늑대가 되기 위해서는 다음의 네 가지 지식, 즉 정보, 타이밍, 상황, 변화 등에 대한 지식을 꿰고 있어야 한다(표 1-3). '무엇이 정해질지 깨닫기 전에 행동하라'거나 '준비 없이 전투에 나서지 마라', '예측하면 설 수 있고, 예측하지 못하면 쓰러진다', '1분의 예방이 10분 동안의 사후 수습보다 낫다'라는 말이 강조하는 바도 바로 그것이다.

예문 강을 건너지 못한 석달개

1863년 5월 14일, 청군의 추격을 피해 퇴각하던 석달개(石達開, 1831~1863, 태평천국운동의 지도자 가운데 한 사람 – 옮긴이)의 군대는 대도하大渡河가 흐르는 자타지紫打地에 다다랐다. 앞에는 급류가 흐르는 강이 있고, 뒤로는 좁고 험준한 고산이 펼쳐진 곳이었다. 청군의 추격에서 벗어나기 위해서는 그 강을 건너야 했다.

대도하의 강폭은 47~200미터, 깊이는 7~10미터, 유속은 초당 3~4미터였다. 강물이 고산의 협곡을 가로질러 흐르기 때문에 낙차가 크고 유속도 빨랐다. 게다가 이 지역은 5~6월이 장마철이라 자칫하면 홍수가 날 수도 있었다. 석달개가 이곳에 도착했을 때에는 유속이 그나마 안정적이어서 뗏목을 이용하면 강을 건널 수도 있을 것 같았다. 그때 한 장수가 앞선 부대가 후속 부대를 호위하면서 강을 건너면 안전할 것이라는 의견을 내놓았다. 그러자 곧바로 다른 장수가, 병사들이 좁게 줄지어 강을 건너다 청군을 만나면 더 위태로우므로 짐과 식량을 실은 후방 부대가 도착할 때까지 기다렸다가 한꺼번에 건너는 것이 좋겠다고 말했다. 추격을 피하다가 강을 만난 석달개로서는 어떤 방법이 좋을지 결정할 수가 없었다. 그렇게 꼬박 하루가 지나갔다. 밤새 물이 불어나는가 싶더니 급기야 산에서 홍수가 나고 말았다. 눈에 띄게 거세어진 물살 때문에 이젠 아예 강을 건널 수 없게 되었다.

물살은 5월 16일이 되어서야 잔잔해졌다. 그러나 그때는 이미 강 건너에 청군이 들이닥친 뒤였다. 강을 사이에 두고 앞뒤로 포위된 석달개는 한 달 내내 고전을 치르다 그 자리에서 전사하고 말았다.

석달개의 잘못은 날씨와 유속을 정확히 예측하지 못한 데 있었다. 강을 건널 최적의 타이밍을 놓친 것도 그 때문이었다.

제 **2** 장

미녀냐 맹수냐,
그것이 문제로다

고대 로마에 아름다운 공주가 살고 있었다. 어느 날, 공주가 어느 지혜로운 평민 청년을 사랑하고 있다는 소식을 전해들은 황제는 크게 노했다. 황제는 공주의 궁 밖 출입을 금하고, 만약 이를 어길 시에는 청년의 목을 베겠다고 말했다. 그러나 청년이 그리워 견딜 수 없었던 공주는 아버지의 명을 어기고 자주 궁 밖으로 나갔다. 결국 두 사람은 황제에게 밀회 장면을 들키고 말았다. 황제가 그 자리에서 청년의 목을 베라고 명령하자, 공주는 무릎을 꿇으며 다시는 청년을 만나지 않을 테니 청년의 목숨을 살려달라고 애원했다.

공주가 간곡히 간청하자 황제는 마지못해 청년을 살려주었다. 하지만 아무리 생각해도 딸이 청년에 대한 마음을 완전히 접을 것 같지는 않았다. 황제는 결국 검투장에서 목숨을 건 도박을 벌이기로 마음먹었다. 검투장 안에는 두 개의 문이 있었다. 한쪽 문 뒤에는 사흘을 굶긴 사자가 들어 있고, 다른 문 뒤에는 아름다운 여인이 기다리고 있다. 청년은 두 개의 문 가운데 하나를 선택해야 하는데, 만약 사자가 있는 문을 택하면 사자에게 잡아먹히게 된다. 반면 미녀가 있는 문을 택하면 그 미녀와 결혼해야 했다.

이 흥미진진한 소식은 삽시간에 로마 전체에 퍼졌다. 사흘 후, 검투장은 세기의 구경거리를 놓치지 않으려는 사람들로 북적거렸다. 황제도 공주를 데리고 검투장에 나타났다. 딸이 눈으로 직접 결과를 확인하면 마음을 정할 수밖에 없을 거라고 생각했다. 청년이 어떤 선택을 하든 공주는 청년과의 사랑을 이룰 수 없다. 그러나 황제가 한 가지 모르는 사실이 있었다. 공주는 어느 쪽 문에 사자가 있고, 어느 쪽 문에 미녀가 있는지 사전에 알고 있었다.

청년이 검투장 한가운데로 들어서자 관중석에서 함성이 일었다. 사람들은 준수하고 건장한 청년의 모습에 감탄하면서도 그의 운명이 어떻게 될지 몹시 궁금해했다. 청년은 고개를 들어 공주에게 마지막 인사를 건넸다. 공주도 오른쪽 손을 들어 인사했다. 순간, 청년의 머릿속은 복잡해졌다. 저게 무슨 뜻이지? 그냥 인사일 뿐인가? 오른쪽 문을 선택하라는 뜻인가? 오른쪽 문 뒤에서 기다리고 있는 것은 과연 미녀일까, 맹수일까?

한정된 범위 안에서 최선책을 찾아라

수직적 사고란 문제의 핵심이 무엇인지 파악한 뒤 그에 맞는 해결책을 찾아내는 방식이다. 심리학에서 말하는 수직적 사고는 한정된 범위 안에서의 논리적·수렴적 사고를 의미한다. 이미 알고 있는 정보와 아이디어 등을 동원하여 문제 해결을 위한 가장 좋은 방법과 그 결과를 생각해내는 것이다. 수직적 사고의 본질은 형식논리의 일반적인 규칙에 따라 분석과 추론을 전개하여 그 논리에 가장 부합하는 결론을 얻어내는 논리적 사고에 있다. 이러한 수직적 사고를 앞서 말한 '문의 선택' 문제에 적용하면, 무엇을 문제의 핵심으로 보느냐에 따라 선택의 이유와 결과가 달라진다고 말할 수 있다.

공주도, 청년도 무엇을 자신이 맞닥뜨린 곤경의 본질로 보느냐에 따라 어떤 선택을 할지 결정되는 것이다. 그렇다면 이 상황에서 공주는 어떤 선택을 할 수 있을까(표 2-1)?

이때의 선택은 공주가 청년을 얼마나 사랑했는가와 관련이 있다. 공주가 진심으로 청년을 사랑했다면, 공주 자신의 이해득실은 전혀 고민하지 않고 무슨 수를 써서라도 연인의 목숨을 살리고자 할 것이다. 그렇다면 공주가 오른손을 든 것은 연인에게 미녀가 있는 문을 알려주기 위해서이며 두 사람의 혼인을 진심으로 축복하려는 뜻일 수도 있다.

반대로 공주가 이기적이고 제멋대로인 성격이라면, 비록 한때나마 열렬히 사랑한 연인이었지만 차라리 죽기를 바랄 수도 있다. 아쉬움이나 애증을 안고 사느니 오로지 자기 마음 하나 편하기 위해서. 이기심과 자기애가 강한 사람은 얼마든지 잔인한 선택을 할 수도 있다. '사람은 자신을 위해 살지 않으면 천벌을 받는다' 라는 말도 있지 않은가. 공주 입장에서는 살아 있는 전 연인의 존재가 자신의 새로운 사랑에 방해가 된다고 판단할 수 있다.

그렇다면 청년은 어떤 선택을 할 수 있을까(표 2-2)?

청년도 진심으로 공주를 사랑했다면 자신의 목숨 따위에 연연하지 않을 수 있다. 공주와의 사랑을 이룰 수 없다면 살아도 죽어도 그에게는 큰 의미가 없기 때문이다. 반대로, 그전까지 공주와의 관계가 진심이 아니었

〈표 2-1〉 공주에게 가능한 선택

	이유	결과
선택 1	공주는 청년의 운명을 불쌍히 여겨 그를 돕기 위해 오른쪽 문을 알려준 것이다.	오른쪽 문에서는 미녀가 나오고, 청년과 미녀는 결혼한다. 청년은 목숨을 지켰고 공주는 최소한의 양심을 지켰으므로 공주와 청년 모두 마음은 편할 수 있다.
선택 2	공주는 자신의 연인을 다른 누군가에게 빼앗기고 싶지 않다. 공주는 청년이 다른 여인과 결혼할 수도 있다는 사실을 견딜 수 없어서 일부러 오른쪽 문을 알려준 것이다.	문에서는 맹수가 나오고, 청년은 맹수에게 잡아먹힌다. 이로써 모든 상황은 종료된다. 공주는 청년이 다른 여인과 사는 모습을 보며 오랫동안 고통스러워하느니, 차라리 청년이 짧은 고통을 겪고 죽는 편이 낫다고 생각한다.
선택 3	공주의 입장에서는 청년이 살아서 다른 여인과 결혼하든 사자에게 잡아먹히든, 각기 장단점이 있다. 가장 좋은 건 공주가 나중에 새로운 사랑을 하게 되는 것이지만, 서로 살아 있으면서 만날 수도, 사랑할 수도 없다면 그보다 더 잔인한 일은 없다. 공주도 청년도 죽을 때까지 그런 고통에 시달리고 싶지 않다. 그래서 공주는 청년에게 맹수가 있는 문을 알려준 것이다.	문에서는 맹수가 나오고, 청년은 잡아먹힌다. 이후 공주는 새로운 사랑을 만난다. 언뜻 보면 잔인해 보이는 결과지만, 장기적으로는 이것이 두 사람에게 더 나은 결과일 수 있다.
선택 4	공주는 가슴이 찢어질 듯한 괴로움으로 연인에게 마지막 인사를 했을 뿐이다. 공주는 어느 쪽 손을 들어야겠다고 마음먹은 적이 없다. 즉 공주의 인사에는 아무런 암시도 없다.	문에서는 미녀가 나올 수도 있고, 맹수가 나올 수도 있다.

다면, 그는 무조건 살고자 할 것이다. 공주는 자기 삶의 일부였을 뿐 전부는 아니었기 때문이다.

〈표 2-2〉 청년에게 가능한 선택

	이유	결과
선택 1	청년이 오른쪽 문을 택했는데, 그 문에서 미녀가 나올 수 있다.	청년은 공주의 마음에 감격하고, 언젠가는 다시 공주와의 사랑을 이룰 수 있기를 소망한다.
선택 2	청년이 오른쪽 문을 택했는데, 그 문에서 맹수가 나올 수 있다.	청년은 공주의 눈앞에서 맹수에게 잡아먹힌다. 그는 공주의 배신에 통한의 눈물을 흘리며 죽는다.
선택 3	공주도 청년도 이제는 선택의 여지가 없는 막다른 골목에 다다랐다. 청년은 한때나마 공주와 사랑을 나누었으므로 이제 어느 쪽 문을 택하더라도 후회나 원망이 없다. 어차피 헤어질 수밖에 없다면, 두 사람 모두에게 죽음과 다를 바 없는 고통일 뿐이다.	문에서는 미녀가 나올 수도, 맹수가 나올 수도 있다.
선택 4	영어로 오른쪽right이라는 말에는 '옳다right'는 뜻도 있으므로 청년은 오른쪽 문을 택한다. 그러나 자신의 직감에 따른 그 선택이 어떤 결과로 이어질지는 알 수 없다.	문에서는 미녀가 나올 수도, 맹수가 나올 수도 있다.

수직적 사고와 확정적 의사결정

수직적 사고는 보통 확정적 의사결정으로 이어진다. 확정적 의사결정이란 의사결정 이후의 상황이 예측 가능하며, 각각의 선택이 어떤 결과로 이어질지 확실하다는 뜻이다. 예를 들어 똑같은 상품의 가격이 지역마다 다르다면, 각 지역의 특성을 파악한 뒤 그에 맞는 판매전략을 다시 세울 수 있는 것과 같다. 이때 의사결정의 주체는 이미 알고 있는 정보와 기존의 조사 자료를 바탕으로 자신의 직관과 판단, 시뮬레이션 등을 이용해서 가장 만족스러운 방안을 택할 수 있다(표 2-3).

〈표 2-3〉 확정적 의사결정의 네 가지 조건

- 조건 1 : 의사결정의 주체가 이르고자 하는 목표가 명확해야 한다.
- 조건 2 : 무엇에 대해서든 비교와 긍정이 가능한 상황이어야 한다.
- 조건 3 : 의사결정의 주체에게는 둘 혹은 그 이상의 선택지가 있어야 한다.
- 조건 4 : 각 선택지의 손익을 비교적 정확하게 계산해낼 수 있어야 한다.

심리학에서는 확정적 의사결정에 활용되는 수직적 사고를 전체에 관한 인식이 부분에 대한 인식보다 큰 게슈탈트(Gestalt, 하나로 통합된 전체로서의 형태 – 옮긴이) 인지모델로 설명한다.

춘추전국시대 사상가였던 순자荀子[03]는 "군주의 도는 가까운 곳을 다스리고 먼 곳을 다스리지 않으며, 밝은 곳을 다스리고 어두운 곳을 다스리지 않으며, 하나로 다스리고 둘로 다스리지 않는다. 군주가 한 가지 마땅한 원칙을 바르게 하면 천하의 모든 일이 바르게 된다. 나날이 이렇게 행하여 남음이 있으면 부족함을 다스릴 수 있으니, 이는 다스림이 지극한 것"[04]이라고 말했다. 여기서 '가까운 곳을 다스리고 먼 곳을 다스리지 않으며, 밝은 곳을 다스리고 어두운 곳을 다스리지 않으며, 하나로 다스리고 둘로 다스리지 않는다'라는 말에 수직적 사고의 본질이 잘 표현되어 있다. 사안의 원근과 명암을 잘 헤아리되 '가장 핵심이 되는 것'이 무엇인지를 파악해야만 '하나의 근본으로 천하의 모든 일을 다스릴 수 있게 된다'.

의사결정의 관건은 문제의 핵심을 파악하는 것이다.

---

03 – 순자(B.C. 313~B.C. 238). 이름은 황況, 자는 경卿. 훗날 한나라 선제宣帝의 이름을 피휘하여 손경孫卿으로 개명했다. 전국시대 조趙나라의 의씨(猗氏, 오늘날의 시신장西新絳) 사람으로, 저명한 사상가이자 문학인이자 정치인이었으며 유가의 학파를 대표하는 인물이다.

04 – 『순자』「왕패王霸」.

'싱싱한 건초더미 두 개가 놓여 있다. 어린 당나귀는 어느 쪽 건초를 먹어야 할지 몰라 그 사이를 왔다 갔다 하다가 끝내 굶어죽고 말았다'는 이야기가 있다. 프랑스 철학자 장 뷔리당(Jean Buridan, 1295~1358)이 제시한 우화로, 둘 이상의 목표나 선택지 사이에서 결정을 내리지 못하는 상황을 가리킨다. 이 '뷔리당의 역설'은 의사결정 과정에서 흔히 나타나는 현상이며, 의사결정의 주체가 생각의 길을 잡지 못하면 선택지의 장단점을 분별하지 못해서 '뷔리당의 당나귀'처럼 행동하게 된다.

'뷔리당의 역설'에 빠지지 않기 위해서는 '100퍼센트 만족스러운 선택'에 대한 미련을 버려야 한다. 의사결정의 주체는 많은 정보를 종합적으로 검토하되 각 선택지의 모든 유불리를 계산할 순 없다는 사실을 인정해야 한다. 단, 불리한 조건이 유리한 조건으로 전환될 수 있도록 노력할 수는 있다. 예를 들어 특정 이익을 양보하되 행동의 주도권을 얻는다든지, 덜 중요한 무언가를 일부러 희생함으로써 적을 안심시킨다든지, 눈앞의 작은 이익을 포기하고 장기적 이익을 도모하는 등의 전략이 여기에 해당한다.

현실에서는 의사결정에 영향을 미치는 요소가 매우 다양하기 때문에 중요한 결정을 해야 할 타이밍을 뜻하지 않게 놓쳐버릴 수도 있다. 사람이 의사결정에 영향을 미치는 모든 요소를 통제할 수는 없지만 좋고 나쁨이 불분명한 '회색 정보'를 잘 판단하면 예측하기 힘든 상황 변화에도 적절히 대응할 수 있다. 즉 판단의 정확성을 추구하는 것만이 의사결정의 전부는 아니다. 100퍼센트 완벽한 해결책만 고집하다가는 '뷔리당의 역설'에 빠질 수 있다.

예문 **이솝우화 – 목욕하는 아이**

강에서 멱을 감던 아이가 물살에 휩쓸려 떠내려갈 위기에 처했다. 아이
는 길을 가는 사람에게 도와달라고 외쳤다. 그런데 그 사람은 "왜 이런
데서 목욕을 하고 있느냐"고 나무라기만 할 뿐이었다. 참다못한 아이가
소리를 지르며 말했다.
"제발 저부터 구해주세요. 그다음에 혼내셔도 되잖아요!"

예문 **손빈의 말 경주**

전국시대 손빈의 이야기는 의사결정의 수직적 사고가 무엇인지를 잘 보
여준다.
전국시대의 제나라 위왕은 말을 좋아해서 그의 신하 전기와 말 경주를
즐겼다. 서로 말 세 필을 골라서 상마上馬와 상마, 중마中馬와 중마, 하마
下馬와 하마를 경주시키는 방식이었다. 그런데 대체로 위왕의 말들이 더
좋았기 때문에 전기는 늘 경주에서 졌다. 그러던 어느 날, 전기의 막료幕
僚인 손빈이 전기와 위왕의 말 경주를 지켜보다가 전기에게 말했다.
"위왕에게 큰돈을 걸고 내기 경주를 하자고 하십시오. 제가 반드시 이길
수 있게 해드리겠습니다."
드디어 경주를 하기로 한 날이 되자 손빈이 전기에게 말했다.
"먼저 공公의 하마와 위왕의 상마를 대결시킨 다음, 공의 상마와 위왕의
중마를, 이어 공의 중마와 위왕의 하마를 대결시키십시오."
전기가 손빈의 말대로 하자 첫 경기에서는 졌지만 이후 두 경기에서 이

졌다. 전기는 손빈이 장담한 대로 황금 1,000냥을 손에 쥘 수 있었다. 2,300년 전에 있었던 탁월한 의사결정이었다.

위왕이 내놓을 말	상마	중마	하마
전기가 내놓을 말	하마	상마	중마

그런데 만약 위왕이 '상 · 중 · 하' 순으로 내놓던 말을 '하 · 상 · 중' 순서로 내놓는다면 어떻게 될까? 손빈은 '중 · 하 · 상' 순으로 대응해야 할 것이다. 혹 위왕이 '중 · 하 · 상' 순으로 말을 내놓는다면? 손빈은 다시 '상 · 중 · 하' 순으로 말을 내놓아야 할 것이다. 위왕이 말을 내놓는 순서에 관한 경우는 모두 여섯 가지이며, 손빈이 대응할 방법도 여섯 가지다. 그렇다면 실제 벌어질 수 있는 상황의 수는 6×6, 즉 서른여섯 가지나 된다. 문제가 이렇게 복잡해진다면 개인의 기지만으로는 문제를 해결하기가 어려워진다.

예문 소크라테스의 궤변

고대 그리스의 철학자 소크라테스는 궤변의 달인이었다. 그는 초반에 상대와 같은 관점에서 이야기를 시작함으로써 상대를 안심시켰다가, 자신이 던진 질문에 상대가 반박할 말을 찾지 못하면 그때 가서 자신의 주장을 펴곤 했다. 즉 초반에는 상대방도 '그렇다'라고 대답할 만한 질문을 계속 이어나가다가 결정적인 순간에 상대가 '아니다'라고 말할 수밖에 없는 질문을 던짐으로써 상대의 논리를 공박하는 방법으로, 수직적 사고의 특성을 잘 보여준다.

생각의 틀을 깨뜨려라

수평적 사고는 무규칙적 · 무제한적 · 무방향적 사고로, 융통성과 유창성(流暢性, 주어진 상황에서 여러 가지 관점이나 해결안, 아이디어 등을 막힘없이 떠올리는 능력 - 옮긴이), 다변성多變性, 참신성, 상대성 등을 특징으로 한다. 그런 의미에서 수평적 사고는 응집보다는 발산적 표현을, 핵심보다는 다원성을, 정확성보다는 유효성과 다양성을 추구한다.

수평적 사고를 앞에 나온 '문의 선택' 문제에 적용하면, '청산만 남겨두면 땔나무 걱정은 필요 없다留得青山在, 不懼沒柴燒'는 태도로 나타날 수 있다.

공주는 먼저 머리를 굴려 청년을 살릴 수 있는 대안을 모두 떠올린다. 그리고 다음 일을 도모하는 것이다. 공주가 떠올릴 수 있는 대안을 정리해보자(표 2-4).

이런 식으로 더 많은 대안을 생각해낼 수 있다. 그러다 보면 결국은 어느 쪽 문이 열려도 상관없게 된다. 이 모든 대안은 어차피 그 순간을 넘기기 위한 묘책일 뿐이기 때문이다.

같은 식으로, 청년이 떠올려볼 수 있는 대안도 다양하다(표 2-5).

더 나은 선택을 위한 수평적 사고

수평적 사고는 미국의 심리학자 에드워드 드 보노(Edward De Bono, 1933~?)가 제안한 개념이다. 그는 사물들 간의 상호관계만을 중시하지 않았고, 문제를 해결하는 데 오로지 한 가지 답만 있다고 생각하지도 않았

〈표 2-4〉 공주가 떠올릴 수 있는 대안

	이유	결과
대안 1	공주는 먼저 청년과 미녀를 혼인시킨 뒤 나중에 다시 이별시킬 방법을 생각해본다. 그런 다음 황제에게 가서 자신과 청년의 혼인을 허락해달라고 애걸한다. 청년과의 사랑으로 행복을 누릴 당사자는 공주이지 황제가 아니다. 그러므로 공주는 뜻을 이룰 때까지 황제에게 매달리겠지만, 황제가 허락해주지 않을 것이라는 걱정을 미리 하지 않는다.	문에서는 미녀가 나오고, 청년과 미녀는 결혼한다. 그다음에 공주는 계획을 다시 진행시킨다. 그런데 청년이 미녀와 결혼한 후 마음이 달라져서 미녀와 헤어지려 하지 않을 수도 있다.
대안 2	공주가 미리 사람을 시켜 사자에게 술을 잔뜩 먹여둔다. 정신을 가누지 못하는 사자는 문이 열려도 나와서 힘을 발휘하지 못한다.	문에서 사자가 나온다 해도 청년은 사자를 제압하거나 도망갈 수 있다.
대안 3	공주가 미리 사람을 시켜 사자의 눈을 반쯤 멀게 해두었다. 사자는 사물을 분간하지 못해 검투장에서 제대로 싸우지 못한다.	문에서 사자가 나온다 해도 청년은 사자를 제압하거나 도망갈 수 있다.

〈표 2-5〉 청년이 떠올릴 수 있는 대안

	이유	결과
대안 1	공주가 사자에게 미리 마취 성분이 있는 음식을 먹였을 수 있다.	문에서 나온 사자는 정신을 가누지 못한다.
대안 2	공주가 사자를 아사 직전까지 굶겼을 수 있다.	문에서 나온 사자는 힘을 쓰지 못한다.
대안 3	공주가 특별히 성질이 온순한 사자를 골라두었을 수 있다.	문에서 나온 사자가 청년을 사납게 공격하진 않는다.

다. 그는 같은 문제라도 다른 각도에서 바라봄으로써 여러 개의 다른 답을 얻어내고자 했다. 이러한 수평적 사고의 융통성을 설명하기 위해 보노

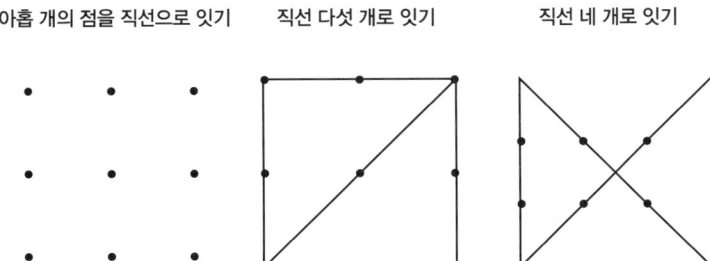

아홉 개의 점을 직선으로 잇기　　직선 다섯 개로 잇기　　직선 네 개로 잇기

〈그림 2-1〉 아홉 개의 점을 직선으로 잇는 문제

는 아홉 개의 점을 제시한다. 먼저 사각형을 이루는 아홉 개의 점을 찍고, 네 개의 직선을 그어 이 점들이 모두 이어지게 해보라. 이때 아무 생각 없이 선을 잇게 되면 대체로 다섯 개의 선이 나오게 된다. 직선 네 개로 점들을 모두 이을 방법을 궁리함으로써 평소에는 전혀 쓰지 않던 방법도 동원하게 된다(그림 2-1).

　즉 생각의 틀을 과감하게 벗어나면 전혀 새로운 방법으로 문제를 해결할 수 있게 된다.

　생각 안에서 모든 것이 가능한 수평적 사고를 통해 우리는 생각의 길이 넓어지고 더 나은 선택을 할 수 있게 된다. 그러나 이 과정에서 '생각의 사각지대'에 빠지게 되면 곤란하다. 우리가 '생각의 뒷골목'을 어슬렁거리는 이유는 어디까지나 해결책을 찾기 위해서라는 사실을 명심하라(표 2-6).

〈표 2-6〉 수평적 사고를 적용할 때 명심해야 할 문제

1. 해결해야 할 문제의 성격과 의사결정의 목표를 분명히 한다.
2. 현재 처한 상황의 유리한 조건과 불리한 조건을 모두 파악하고 있어야 한다.
3. 해결해야 할 문제와 현재 처한 조건에 대해 가치 판단뿐 아니라 사실 판단도 할 수 있어야 한다.
4. 혹시 간과한 문제는 없는지 깊이 생각해보아야 한다.
5. 현실에서 적용 가능한 범위 안에 있는 해결책이어야 한다.
6. 어떤 결정을 내릴 때에는 그 결정을 관철시키고 실행할 수 있는 방법도 마련해야 한다.

자료출처 : 방주편, 『의사결정』, 중국물자출판사, 2004년.

이솝우화 – 사자와 멧돼지

한여름 뙤약볕이 쨍쨍 내리쬐자 몹시 덥고 갈증이 난 사자와 멧돼지가 우물에 갔다. 그런데 둘은 서로 먼저 물을 마시겠다고 싸우기 시작했다. 싸움은 한나절이 지나도록 끝나지 않았다. 사자와 멧돼지는 숨을 헐떡거리면서도 싸움을 계속했다. 이때 독수리 한 마리가 멀리서 그들을 지켜보고 있었다. 둘 중 하나가 죽으면 그 고기를 먹으려고 기다리는 중이었다. 그 모습을 발견한 사자와 멧돼지는 싸움을 멈추고 말했다.

"우리 그냥 친구가 되자. 독수리에게 먹히느니 그게 낫지."

가경제가 지은 '월남'이라는 이름

가경嘉慶 7년(1802년), 월남국 황실에 내란이 일어났다. 원광찬阮光纘을 무너뜨리고 국왕 자리에 오른 원복영阮福映은 청에 사신을 보내, '남월'이라는 국명을 책봉해달라고 청했다. 그런데 가경제는 군기처에 '남월'이라는 이름으로는 책봉이 불가하다고 명했다. '남월'은 중국 역사서에서 중국의 광동·광서 지역을 아우르는 지명이었기 때문이다. 가경제는 안남安南을 장악한 원복영이 중국 남방 영토까지 넘보는 것은 아닐까 의심이 들었다.

가경제는 광동·광서 지역에 있는 해안가 관아에도 방비를 철저히 하라는 명령을 내렸다. 만에 하나 원복영이 이 지역들을 넘보더라도 뜻을 이룰 수 없도록 하기 위해서였다. 사실 원복영은 광동·광서 지역에는 아무런 야심이 없었다. 그가 '남월'을 국명으로 하고자 한 것은 자신이 월상越裳이라는 곳에서 일어나 안남安南까지 정복했기 때문이다. 그는 두 지역의 이름에서 각각 한 글자씩을 따서 '남월'이라는 국명을 지은 것뿐이었다. 가경제는 조사를 통해 이 사실을 전해듣고 나서 남월 대신에 '월남'을 국명으로 책봉하겠다고 광서순무 손옥정孫玉庭을 통해 원복영에게 알렸다. 월상에서 먼저 일어나 후에 안남을 차지했기 때문이라는 것이 표면적인 이유였지만, 글자 순서를 바꾸어 '월남'이라고 하면 '백월(百越, 중국 양자강 이남 절강성浙江省 부근에서 베트남까지의 옛 이름, 또는 그 지방에 살던 여러 민족을 일컫는 말 - 옮긴이)의 남쪽'이라는 뉘앙스가 분명해지기 때문이었다. 중국 고문서에 나오는 '남월'과 혼동될 일도 없었다. 아무튼 국명이 책봉되었다는 소식에 원복영은 대단히 만족했다. 그 후 '월남'이라는 이름은 지금까지도 베트남의 국명으로 사용되고 있다. '남월'에서 '월남'으로 글자 순서만 바꾸었지만 청은 청대로 체면을 유지했고, 원복영에게도 더없이 만족스러운 결과였다.

친구를 도운 사안

동진(東晉, 317~420) 시대에 사안謝安이라는 유명 인사가 있었다. 어느 날 동향 친구가 파직을 당해 고향으로 내려가게 되었다며 작별인사를 하러 왔다. 그러나 고향으로 내려갈 여비가 넉넉지 않은 상태였다. 가진 거라고는 부들부채(蒲扇, 부들의 줄기를 엮어 만든 부채 - 옮긴이) 5만 개뿐이었다. 부채를 팔아 돈을 마련할 수는 있지만 다 팔릴 때까지 기다렸다가는 고향에 평생 못 내려갈 판이었다.

사안은 친구를 도울 방법이 없을까 궁리하다가 그에게 부채 하나를 달라고 했다. 그는 부채를 들고 하루 종일 저잣거리를 걸어다녔다. 그러자 부들부채를 들고 다니는 명사의 풍모에 반한 저자 사람들이 너도나도 부들부채를 찾기 시작했다. 덕분에 고향 친구는 부채 5만 개를 순식간에 팔아치워 여비를 마련해 고향으로 돌아갔다.

사안은 이른바 셀러브리티 효과를 이용해 유행을 만든 셈이다. 중국인들은 정치인, 지식인이라 하더라도 대개 이런 비즈니스 마인드를 지니고 있다. 소수의 관념적인 사람들만이 '돈 바다'에 뛰어드는 것을 구차하게 여길 뿐이다. 사안은 다른 아이템으로 유행을 일으켰어도 역시 큰돈을 벌 수 있었을 것이다. 자신의 '명성'이라는 브랜드를 상품에 얹을 수 있었을 테니 말이다.

브랜드 가치를 활용할 줄 알았던 사안은 지금으로 치면 '마케팅 전문가'라고 할 수 있지 않을까.

직감을 믿고 밀어붙여라

———— ❧ ————

직관적 사고는 감성적이며 경험적인 사고로서 생각 자체의 효과에 빠르게 도달하는 능력을 가리킨다.

직관적 사고는 사물에 대한 이해력과 통찰력에서 나오며, 이해력과 통찰력은 개개인의 경험이나 지식과 밀접한 관련이 있다. 다시 말해 정확한 논리에 따른 추론에 의지하지 않고, 개인이 지닌 지적 감각으로 어떤 사물이나 현상을 단번에 판단하는 능력이다. 반응이 빠른 민첩한 사고인 셈이다.

겉으로 보기에는 그냥 느낌에 의존하는 것 같지만, 직관은 사실 오랜 커뮤니케이션 활동으로 형성된 정교한 감각이다. '척 보면 안다'라는 말도 바로 이런 감각을 두고 하는 말이다. 의사결정 능력의 으뜸이라고 할 수 있는 직관적 사고는 통찰력이 빚어낸 결정체이자, 자신의 영혼과 직접 소통하는 핫라인과도 같다.

이러한 직관적 사고를 앞서 살펴본 '문의 선택' 문제에 적용하면 자신의 느낌을 믿고 밀어붙이는 행동으로 나타난다.

공주는 아버지가 자신의 연인을 어떻게 할지 직관에 의지해 판단해야 한다. 어쩌면 미녀가 있는 문을 공주가 미리 알 수 있었던 것도 황제의 애정 때문이었는지도 모른다. 이런 가설 역시 공주의 직관에서 나오는 것이다.

검투장에 있는 청년 역시 공주가 오른손을 든 이유가 무엇인지, 그것이 분명한 의미가 있는 행동인지, 의미 있는 암시라면 그 문에서 기다리고 있는 것이 과연 미녀일지 사자일지, 자신의 직관으로 판단해야 한다. 이어서 자신이 어떤 행동을 취할지 결정하는 것도 마찬가지다. 자신의 결정이 어떤 결과로 이어질는지는 알 수 없지만, 청년은 짧은 시간 내에 공주와의 직접적인 커뮤니케이션 없이 최선의 판단을 내려야만 한다.

직관적 사고와 중용의 의사결정

직관적 사고를 동원할 때에는 지나치게 바로잡으려는 마음을 버려야 한다. 본래 '교정'이라는 말에는 굽은 것을 편다는 뜻도 있지만, 어떤 잘못을 과도하게 바로잡는다는 뉘앙스도 있다(그림 2-2). 직관적 사고는 대부분 이제까지의 경험을 바탕으로 하기 때문에 의사결정의 주체는 자신이 알고 있는 것과 다른 정보나 새로운 변화에 맞닥뜨렸을 때 다소 왜곡된 판단을 내릴 수 있다.

이때 필요한 것이 바로 중용의 지혜다. 한 경영 전문가는 "세상에서 가장 훌륭한 의사결정권자는 의사결정이 불필요한 때가 언제인지 아는 사람"이라는 말을 한 적이 있다. 결정이 필요한 때에는 모든 노력을 다해 최선의 결정을 내려야 하지만, 그렇지 않은 경우에 시간과 정력을 낭비할 필요는 없다.

유가사상의 중용은 사물에 대한 다원적 인식을 중시하는 지혜이자 유동流動과 변환變幻의 정수라고 할 수 있다. 중용에서 중中은 '위位', 즉 자리, 위치를 의미하고, 용庸은 '이理', 즉 이치, 도리를 의미한다. 어떤 자리에 있으면서 굳이 문제를 일으키지만 않으면 자연히 합당한 이치를 발견할 수 있다. 위치는 사물을 보는 각도를 결정한다. 그러므로 위치가 잘못되면 사물을 바라보는 시각에도 문제가 생긴다. 공자는 "나이 일흔에

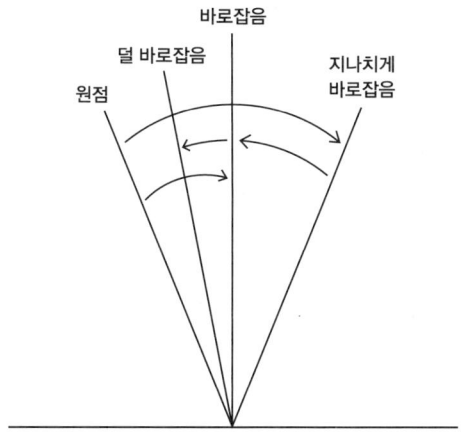

〈그림 2-2〉 지나친 교정

마음 가는 대로 행하여도 법도에 어긋남이 없었다"[05]라고 말했다. 여기서 '법도에 어긋남이 없었다'는 것은 어떤 일의 적정선, 합당한 규범에서 벗어나는 일이 없었다는 뜻이다. 중용을 추구하는 것은 바르고 적정한 선을 추구한다는 뜻이다. 중용의 방법은 양 극단을 헤아려 그 일의 본질을 파악하고 가장 정확한 인식에 다다르는 것이다. 중용이라는 방법론의 핵심은 사물의 모순을 파악하되 극단에 치우치지 않는 데 있다. 그런 의미에서 모든 의사결정은 중용의 지혜를 필요로 한다. 세상의 모든 다원적 지혜를 깊이 파고들어가다 보면 결국 유가사상의 정수인 중용과 만나게 된다.

직관적 사고는 한번 형성되면 쉽게 사라지지 않는다. 직관은 오랜 경험 속에서 다양한 사고능력이 결합된 결과이기 때문이다.

---

05 - 『논어』「위정 爲政」.

예문 **이솝우화 – 주피터와 원숭이**

어느 날, 신들의 제왕 주피터가 숲에 사는 모든 동물들에게 이 세상에서 가장 예쁜 새끼를 데리고 오는 동물에게 상을 내리겠다고 말했다. 그러자 원숭이 한 마리가 쭈글쭈글한 제 새끼를 데리고 나타났다. 원숭이 새끼를 본 다른 동물들은 모두 손가락질하며 비웃었지만, 어미 원숭이만은 꿋꿋하게 말했다.

"제 새끼에게 상을 내리실지 어떨지는 알 수 없습니다만, 이것 하나는 확실히 말씀드릴 수 있습니다. 저 같은 어미의 눈에는 이 새끼 원숭이가 세상 모든 짐승들 중에서 가장 예쁘고 사랑스럽답니다."

예문 **패튼 장군의 육감**

제2차 세계대전 당시 미국의 패튼[06](George S. Patton, 1885~1945) 장군은 육감六感이 뛰어나기로 유명했다. 그는 제3대대를 이끌고 독일 쾰른 시로 진격하던 중 갑자기 멈추라고 명령했다. 거의 이틀 동안 적군의 저항이 없었기 때문에 참모들은 패튼의 결정을 납득할 수 없었다. 그러나 패튼의 의지는 단호했다. 놀라운 일은 그다음 날 벌어졌다. 난데없이 독일군의 공습이 시작된 것이다. 미군은 미리 대비하고 있었기에 독일군을 쉽게 물리칠 수 있었다.

훗날 패튼은 자신의 '군사적 반응'을 확신했기 때문에 그런 결정을 내렸

---

06 – 미국 4성 장군으로, 제2차 세계대전 당시 이름을 떨쳤다.

다고 참모들에게 말했다. 여기서 말하는 '군사적 반응'이 바로 '육감'이라고도 하는 직관적 사고다.

예문 스파이 역사에 기록된 기적

제1차 세계대전 중에 독일의 여성 스파이 마타 하리(Margaretha Geertruida Zelle, 1876~1917)는 독일군 정보부로부터 프랑스군 최고 총사령부의 기밀 담당 관료인 모건에게 '접근'하라는 명령을 받았다. 그가 영국의 신형 탱크 설계도를 가지고 있었기 때문이다. 모건 장군의 집에 가정부로 잠입하는 데 성공한 마타 하리는 거대한 유화 액자 뒤에 금고 하나가 숨겨져 있다는 사실을 발견했다. 그러나 금고의 비밀번호를 알아내기는 쉽지 않았다.

시간이 흘러 임무 완수를 보고해야 할 날이 되자, 마타 하리는 마음이 급해졌다. 우선 모건에게 몰래 수면제를 먹인 후 모건이 잠들자 아무 번호나 맞추어보았다. 그러나 그런 방법이 통할 리 없었다.

마타 하리는 나이 든 장군이 쉽게 기억할 만한 번호가 무엇일까 곰곰이 생각해보았지만 힌트가 될 만한 것이 좀처럼 떠오르지 않았다. 그런데 방 안을 샅샅이 살피던 중 문득 괘종시계가 눈에 띄었다. 비밀번호도 숫자이고, 괘종시계의 시계판도 숫자가 아닌가. 그렇다면 모건 장군이 혹시 괘종시계를 보고 비밀번호를 떠올리지 않았을까? 순간, 그녀는 괘종시계가 멈추어 있다는 사실을 발견했다. 시계는 9시 35분 15초를 가리키고 있었다.

93515, 다섯 개의 숫자. 그러나 금고의 비밀번호는 여섯 자리였다. 나머

지 하나는 대체 무엇일까? 아! 밤 9시는 21시가 아닌가! 9를 21로 바꾸면? 마타 하리는 흥분을 가라앉히면서 213515, 이렇게 여섯 개의 숫자를 맞추어보았다. 순간 금고 문이 열렸다. 신형 탱크의 설계도가 바로 그 안에 들어 있었다. 이 이야기는 세계 스파이 역사에 기적으로 기록되어 있다.

모호함 속에서 실마리를 잡아라

퍼지 사고란 시비를 명확하게 규정하지 않은 채 모호한 개념이나 추리로 진행하는 사고를 가리킨다. 사물을 조리 있게 분석하거나 디테일을 꼼꼼하게 살펴 판단하지 않고, 이것이 아니면 저것일 수도 있다는 가능성을 열어둔 채 사물의 개성과 특징에 중점을 두어 사고하는, 매우 유연한 의사결정이다.

"몽롱할 때 조짐을 살피고, 모호함 속에서 실마리를 잡는다"라는 말이 있다. 인식활동이란 본래 모호함 속에서 무언가를 분별하는 일이다. 퍼지 사고는 '가장 중요한 한 가지' 외에 다른 모든 것에 대해서도 다양한 가능성을 열어둔다는 점에서 매우 융통성이 높은 의사결정 방법이다.

앞서 나온 '문의 선택' 문제에 퍼지 사고를 적용해보자. 죽느냐 사느냐의 문제에 국한하지 않고 상황을 다르게 발전시킬 만한 대안을 떠올릴 수 있게 된다.

공주는 청년이 두 개의 문 가운데 하나를 택해야 한다는 사실에서 벗어

〈표 2-7〉 청년을 살린 뒤 공주가 선택할 만한 대안

	이유	결과
대안 1	일단 청년과 미녀를 결혼시킨 뒤, 황제에게 다른 청을 해볼 수 있다. 황제는 공주를 사랑하므로 그 마음을 이용해 황제의 생각을 돌릴 수 있을 것이다. 딸이 간절하게 애원한다면, 황제도 2~3년쯤 지나면 자신의 강요보다 딸의 행복이 더 중요하다고 판단할 수 있다.	문에서는 미녀가 나오고, 청년과 미녀는 결혼한다. 그러나 이후의 상황이 어떻게 전개될지는 알 수 없다. 막상 미녀가 청년과 헤어지지 않겠다고 나올 수도 있고, 황제가 공주에게 아무런 확답을 주지 않은 채 세상을 떠날 수도 있다.
대안 2	일단 청년과 미녀를 결혼시킨 뒤, 미녀에게 다시 방법을 써볼 수 있다. 미녀에게 돈을 주어 멀리 떠나보낼 수도 있고, 미녀를 다른 남자에게 시집보낼 수도 있다. 미녀는 청년과 이전에 알던 사이가 아니므로 공주가 취하는 조치에 반대하지 않을 가능성이 높다.	문에서는 미녀가 나오고, 청년과 미녀는 결혼한다. 그런데 이후의 상황은 공주의 예상과 다르게 전개될 수 있다. 미녀가 청년을 사랑하게 될 수도 있고, 미녀가 공주의 조치에 응하지 않을 수도 있다.
대안 3	일단 청년을 미녀와 결혼시킨 후 청년에게 다른 계책을 써볼 수도 있다. 공주는 청년에게 아무도 모르는 곳으로 도망가자고 제안, 큰돈을 챙겨들고 가서 새로운 삶을 시작할 수도 있다. 감당해야 할 대가는 크겠지만, 아무런 구속도 받지 않는 삶을 새롭게 시작할 수 있다.	문에서는 미녀가 나오고, 청년과 미녀는 결혼한다. 그러나 이후 전개되는 상황은 공주의 예상과 다를 수 있다. 청년과 공주는 아무도 모르는 곳으로 도망갔지만, 살다 보니 서로 맞지 않아서 도망친 것을 후회하게 될 수도 있다.

나 진정한 상황 탈출 대안을 다시 모색해볼 수 있다. 일단 청년을 살리고 나서 공주가 선택할 만한 대안들을 떠올려보자(표 2-7).

공주는 이 세 가지 외에도 더 많은 대안을 모색할 수 있다. 이때 중요한 것은 다양한 선택과 열린 가능성이다. 공주의 마음이 진심이라는 것도 중요한 전제가 된다. 만약 공주의 선택이 한순간의 열정에 지나지 않는 것이라면, 청년은 죽음의 문을 택하는 것 못지않은 비운을 겪게 될 것이다.

검투장에 있는 청년 역시 어느 쪽 문을 택할 것인가 하는 문제를 벗어

〈표 2-8〉 청년의 상황 탈출 대안

	이유	결과
대안 1	청년은 검투장에 들어서자마자 무기를 달라고 요구할 수 있다. 고대 로마에서는 공정한 경쟁을 중시했으므로 사람이 맹수와 맨몸으로 싸우는 것을 부당하게 여길 수 있다. 청년은 무기를 요구하는 것만으로도 관중의 동정심을 자극할 수 있다.	문에서는 맹수가 나오고, 청년은 자신이 가진 무기로 맹수와 사투를 벌인다.
대안 2	청년은 문을 선택하지 않고, 경기가 자신에게 불공평하다는 항의의 표시로 두 손을 번쩍 들 수 있다. 청년 대신 다른 사람이 문을 선택하도록 한다 해도, 청년은 자신의 선택이 아니라며 다시금 항의할 수 있다.	이렇게 되면 검투장은 법의 형평성을 논하는 논쟁의 장이 되어버리고, 그 과정에서 황실의 어두운 면이 세상에 폭로될 수 있다.
대안 3	청년은 공주가 자신을 꾀는 바람에 이런 상황에까지 처하게 되었다고 말하면서 (설령 속마음은 그렇지 않다 해도), 자신이 검투장에 끌려와 있는 것 자체가 불공평하다고 항변할 수 있다. 청년은 관중들에게 부디 공정한 처분을 내려달라고 호소한다.	뜻하지 않게 황실의 치부가 폭로되자 황제는 당황하게 되고, 청년은 일단 죽음의 위기에서 벗어난다.

나 더 많은 상황 탈출 대안을 모색해볼 수 있다(표 2-8).

청년 역시 이 세 가지 외에 다른 대안을 생각해볼 수 있다. 공주가 자신을 어떻게 생각하든 공주가 어떤 피해를 입든, 청년으로서는 그 자리에서 자신에게 가장 유리한 조건을 확보해야 한다. 일단 살아서 그 자리를 벗어나야만 나중에 공주에게 사정을 설명하고 용서를 구할 기회도 있기 때문이다.

〈표 2-9〉 불확정적 의사결정의 종류

낙관적 의사결정법	• 낙관적 의사결정법은 가장 큰 수익을 선택한다는 것을 준칙으로 하는, 최대수익가치법이다. • 의사결정의 주체가 결정을 내릴 때에는 아무리 상황이 불분명하더라도 최대 수익의 기회를 포기하지 않는다. 상황을 객관적으로 파악하되 가장 낙관적인 가능성을 염두에 두고, 여러 대안들 중 수익과 가치가 가장 높은 대안을 최종적으로 선택한다. • 큰 위험을 감수하는 선택인 만큼 신중함을 잃지 말아야 한다.
비관적 의사결정법	• 비관적 의사결정법은 수익이 적은 것들 가운데에서 가장 큰 수익을 택하는, 최소수익가치법이다. • 의사결정의 주체는 상황을 객관적으로 파악하되 가장 비관적인 전망을 염두에 두고, 최소 수익이 기대되는 대안들 가운데에서 비교적 큰 수익을 기대할 수 있는 대안을 선택한다. • 보험과 대비의 성격이 강한 결정법이므로, 위험도가 높더라도 최소한의 수익은 반드시 확보될 때 적용할 수 있다.
절충적 의사결정법	• 절충적 의사결정법은 낙관계수법樂觀係數法이라고도 하는데, 의사결정의 주체는 지나친 낙관두 비관도 배제한 채 미래에 대한 계수를 산출한 뒤, 최대 수익과 최소 수익을 절충한 대안을 최종안으로 선택한다. • 의사결정의 주체는 미래에 대해 낙관하는 정도를 계수 λ(Lamtha, 람다)로 표현한다. 비교적 낙관적이면 $\lambda > 0.5$가 되고, 비교적 비관적이면 $\lambda < 0.5$가 된다. $\lambda = 1$이 가장 낙관적인 때이고, $\lambda = 0$이면 가장 비관적인 상황이다.
후회값 의사결정법	• 후회값은 의사결정 주체의 실책으로 인한 손실의 정도로, 자연 상태일 때 가장 수익이 큰 대안과 다른 대안들 간의 수익차, 혹은 가장 손실이 적은 대안과 다른 대안들 간의 손실차를 가리킨다. • 후회값 의사결정법은 최선의 대안이 야기할 수 있는 후회값을 비교하여, 각 대안의 최대 후회값을 구하고 이 중에서 후회값이 가장 적은 대안을 최종안으로 선택한다.

퍼지 사고와 불확정적 의사결정

퍼지 사고는 불확정적 의사결정을 위한 것이다. 불확정적 의사결정이란 그 결정으로 어떤 결과가 나타날지 전혀 예상할 수 없는 상태에서 주관적인 판단에 따라 내리는 결정을 가리킨다.

불확정적 의사결정에는 낙관적 의사결정법, 비관적 의사결정법, 절충

〈표 2-10〉 가장 이상적인 결정과 비교적 만족스러운 결정

종류	내용과 특징

가장 이상적인 결정	• 가장 이상적인 조건에서 내린 결정이다.
	• 가장 이상적인 결정을 내리기 위해서는 다음의 세 가지 요건을 총족해야 한다.
	  1) 모든 대안을 검토하여 그 가운데에서 가장 좋은 대안을 선택해야 한다.
	  2) 각각의 대안은 최상의 조건에서 설계된 것이어야 한다.
	  3) 그 대안을 실행할 조건 또한 최상이어야 한다.
	• 위에서 언급한 세 가지 조건을 모두 만족시키기란 대단히 어렵다. 그러므로 '완벽'만을 추구할 일이 아니다.

비교적 만족스러운 결정	• 현실적인 조건에서 비교적 만족스러운 결과를 얻을 만한 결정을 내리는 것이다. • 너무 많은 걸 바라거나 지나치게 강요하지 않고, 능력껏 하겠다는 자세면 된다. • 실제로 가진 자원과 능력을 총동원해서 그것으로 최대한 성과를 내고자 노력한다. • 당장 눈에 보이는 성과가 없다는 이유로 노력을 극단으로 밀어붙여서도 안 되지만, '이 정도면 됐다'라는 섣부른 만족감으로 투지를 버려서도 안 된다.

적 의사결정법, 후회값 의사결정법 등이 있는데(표 2-9), 이 가운데 어떤 방법을 활용할 것인가는 의사결정 주체자 개인의 경험과 판단에 따라 달라진다.

불확정적 의사결정을 할 때에는 가장 이상적인 결정에 매달려서는 안 된다. 과거의 이론들은 지나치게 최상의 의사결정만을 강조하는 경향이 있는데, 현실에서는 결코 모든 결정이 이상적일 수 없고 그럴 필요도 없다. 비교를 하기 시작하면 끝이 없어 이게 최고인가 싶다가도 그보다 더 나아 보이는 것이 곧 나타나게 마련이다. 복잡다단한 현실에서 우리가 할 수 있는 것은 가장 이상적인 결정이 아니라 비교적 만족스러운 결정이다

(표 2-10). 모든 선택은 결국 일정 한계 내에서의 선택일 수밖에 없으므로 언제나 정확하고 완벽한 선택을 해야 한다고 자신을 다그칠 필요가 없다. 비교적 만족스러운 결정을 내렸다면 충분히 목표에 다다른 것이다.

중국의 학자 왕징야오王景耀는 충분히 '만족스러운' 결정을 내리기 위해서는 다음의 네 가지 조건을 충족해야 한다고 강조한다.

첫째, 전체 국면을 고려해야 한다. 가장 중요한 원칙과 반드시 갖추어야 할 표준을 확립한 다음 전체 국면을 염두에 두고 각 선택지를 평가해야 한다. 부분적으로는 유리하나 전체적으로 불합리하다면, 그 선택지는 버려야 한다.

둘째, 기술적 합리성을 고려해야 한다. 기술적 합리성이란 그때그때의 상황과 여건에 맞는 방법을 사용해야 한다는 뜻이다.

셋째, 경제적 합리성에 부합해야 한다. 경제적인 이익과 비용을 평가해서, 가장 큰 이익을 구현할 수 있는 대안을 택해야 한다.

넷째, 효과가 나타나는 시기가 너무 늦어지면 안 된다. 이상적이거나 만족스러운 결정이라면, 결정대로 실행했을 때 머지않아 그 효과가 나타나야 한다.

옛말에 "어떤 사물도 상반된 두 가지 측면이 다 강할 수는 없다"[07], "하지 않기로 한 일일지라도 하려고 마음먹으면 곧 이룰 수 있다"[08]라고 했다. 때로는 지나치게 정확성을 추구하다가 도리어 혼란스러운 결정을 내릴 수 있고, 적당히 모호한 가능성을 남겨두었을 때 오히려 가장 정확한 선택을 할 수도 있다.

---

07 - 『춘추좌전春秋左傳』「장공莊公 22년전」.
08 - 『신음어』「인품」편.

예문 이솝우화 - 박쥐와 족제비

박쥐가 어쩌다가 족제비에게 붙잡혔다. 박쥐는 살려달라고 애원했지만, 족제비는 새라는 새는 질색이라며 박쥐를 놓아주지 않았다. 그러자 박쥐는 날개를 잔뜩 움츠리고 자기는 새가 아니라 쥐라고 소리쳤다. 그렇게 해서 겨우 목숨을 구한 박쥐는 얼마 못 가 또다시 다른 족제비에게 붙잡히고 말았다. 이번에도 박쥐가 살려달라고 애원하자 족제비는 세상의 쥐라는 쥐는 꼴도 보기 싫다면서 박쥐를 놓아주지 않았다. 그러자 박쥐는 날개를 활짝 펴고 자기는 쥐가 아니라 새라고 말했다. 그렇게 박쥐는 또 한 번 목숨을 구할 수 있었다.

예문 닭을 빌려 알을 부화시킨 이홍장

만청滿清 시대 때 이홍장은 양무운동(洋務運動, 서양 문물을 받아들여 부국강병을 이루고자 한 청나라 말기의 근대화 운동 – 옮긴이)을 통해 자국의 산업을 발전시켜야 한다고 생각하고 서태후에게 해군 창설과 철도 건설, 전신국 설치 등을 제안했다. 그러나 이홍장은 썩을 대로 썩은 청나라 조정에 크게 절망했다. 서태후의 측근들이 해군 창설 비용을 빼돌려 서태후가 평소 소원해온 별장인 이화원頤和園을 짓는 데 써버린 것이다. 이홍장은 마음이 복잡했다. 자신의 직위를 유지하자면 입을 다물고 있어야 하는데, 그렇다고 해군 창설을 포기할 수도 없었다. 그가 미국과 스페인, 페루 등지를 흠차대신으로 다녀온 적이 있는 장음환張蔭桓에게 속마음을 털어놓자 장음환이 말했다.

"그렇다면 닭을 빌려서라도 알을 부화시켜야지요."

이홍장은 단번에 무슨 뜻인지 알아차렸다. 지위를 차지하고 있을 때 세력부터 키워놓으라는 뜻이었다. 마침 서태후도 다른 일에 빠져 이홍장에게 큰 관심을 기울이지 않고 있었다. 그때부터 차츰 세력을 키운 이홍장은 훗날 군벌이 되었다. 물론 나라를 혼란스럽게 만들기도 했지만, 그것은 나중의 일이었다. 당시로서는 장음환의 조언이 이홍장에게 가장 현실적인 대책이었다.

예문 홍군과 백군

1936년 12월 12일, 동북군을 이끌던 장쉐량(張學良, 1898~2001, 군벌 정치가)과 서북군을 이끌던 양후청(楊虎城, 1893~1949, 국민당의 군사지도자)은 서로 연합하여 장제스(蔣介石, 1887~1975, 국민당 지도자)와 그의 군인 1,000여 명을 억류하고, 당장 내전 중단을 요구하는 시안사변西安事變을 일으켰다. 그런데 정치세력들의 이해가 저마다 달랐던 탓에, 장제스를 어떻게 처리할 것인가를 놓고 내분이 일었다. 공산당과 홍군 내부에서는 장제스를 죽여야 한다는 주장이 압도적이었다. 지난 10여 년간 장제스로 인해 죽은 공산당원이 셀 수 없이 많았기 때문이다. 그런데 마오쩌둥과 저우언라이는 국민당과 항일통일전선을 구축해야 하므로 당과 홍군을 위해서라도 장제스를 풀어주어야 한다고 주장했다. 결국 시안사변은 장제스를 풀어주는 것으로 끝났다. 홍군은 국민혁명군(국민당의 군대)으로 정식 편입되었고 주더(朱德, 1886~1976)를 총사령관, 펑더화이(彭德懷, 1898~1974)를 부사령관으로 하는 팔로군(八路軍, 1937~1945년에 일본군과 싸운 중국공산당의 주력부대 – 옮긴이)이 독자적으로 창설되었다. 당시 미국의 연합통신Consolidated Press Association 기자였던 에드거 스노(Edgar Snow, 1905~1972)는 시안사변에 대해 이렇게 말했다.

"이것은 홍군의 백화도 아니고, 백군의 적화赤化도 아니었다. 사실 어느 쪽도 상대편에 물들지 않았다. 일부 사람들은 원하는 것을 얻는 데 성공했다. 이것이 중국이다. 중국은 얻었고 일본은 잃었다는 것, 이것만이 시안사변의 유일한 의의다."

전략을 결정할 때는 반드시 전체 국면을 염두에 두어야 한다. 이것이 바로 시안사변이 우리에게 주는 유일한 교훈이다. 최선의 결정은 언제나 원칙과 융통성의 결합, 혹은 그 사이에 존재한다.

제 **3** 장

청년은
어느 쪽 문을
가리켰을까

의사결정은 신념을 기초로 이루어지므로 신념이 없는 의사결정은 견고할 수가 없다. 심리학에서 말하는 신념이란 믿음Belief, 자신감Self Esteem, 자기효능감Self Efficacy의 결합이다. 성숙한 의사결정권자는 자신의 결정에 대해 충분히 숙고하고 책임질 수 있어야 한다. 그중에서도 특히 의사

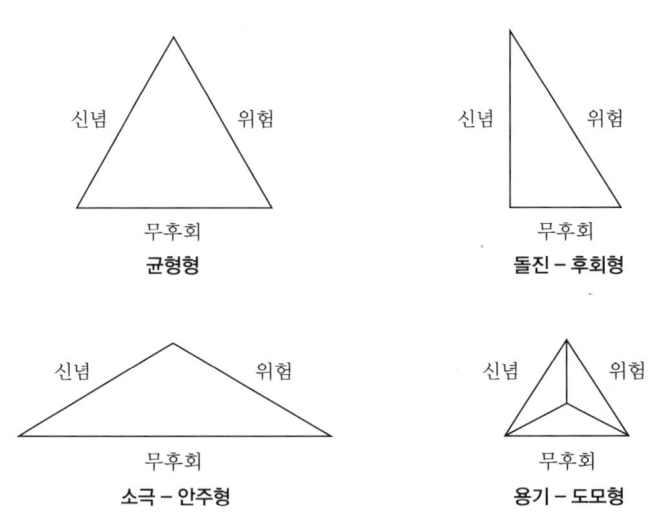

〈그림 3-1〉 의사결정의 신념, 위험, 무후회에 대한 네 가지 균형 모델

결정의 위험성과 신뢰성, 무후회성 사이의 관계를 잘 다루어야 한다. 이 세 가지가 균형을 이루어야 의사결정이 안정적으로 관철되고 실행될 수 있다.

신념은 의사결정이라는 널빤지를 가운데에서 받쳐주는 받침돌과 같다. 이 돌은 너무 뾰족해도 안 되지만, 너무 납작해도 안 된다(그림 3-1).

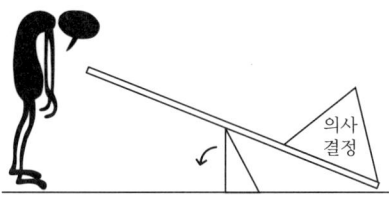

〈그림 3-2〉 돌진 – 후회형

돌진 – 후회형은 문제를 전체적으로 고려하지 않고 확신도 부족한 상태에서 의사결정을 밀어붙이는 타입으로, 많은 후회를 낳기 쉽다(그림 3-2).

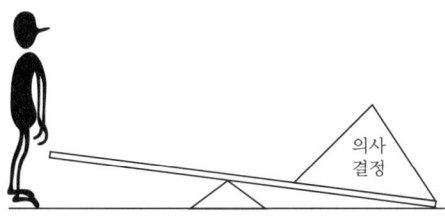

〈그림 3-3〉 소극 – 안주형

소극 – 안주형은 문제를 지나치게 협소하게 바라보는데다 위험을 감당하려는 자세가 부족해서 결정 자체를 내리기 어려워하는 타입이다(그림 3-3).

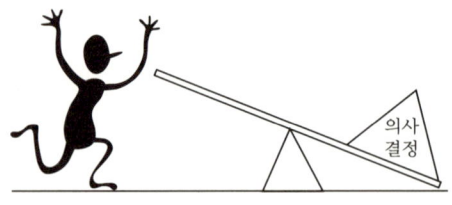

〈그림 3-4〉 용기 - 도모형

용기 - 도모형은 의사결정의 위험성과 신뢰성, 무후회성 사이의 관계를 가장 잘 다루는 타입으로, 우유부단하지 않고 결단을 내려야 할 때는 과감하게 내린다(그림 3-4).

심사숙고한 뒤에는 마음을 굳게 먹어라

어떤 의사결정이든 위험성이 따르게 마련이다. 위험하지 않는 경우는 평범하고 무익한 결정을 할 때뿐이다. 의사결정의 위험성을 최대한 줄이기 위해 의사결정의 주체는 '심사숙고' 해야만 한다.

"항구불변하는 도道를 경(經, 날줄)이라 하고, 시의적절한 변통變通을 권 (權, 임기응변)이라 한다. 변함없는 정도定道를 간직하되 변통의 척도를 장악한다면 덕과 재주를 모두 갖춘 지혜로운 사람이라 할 만하다"[09]라는 말이 있다.

어느 정도 위험이 따르는 결정을 할 때는 반드시 심사숙고하되 "생각을 정하고 나면 마음을 굳게 먹어야 한다慮旣定, 心乃強"[10].

의사결정의 주체는 자신이 해야 할 결정에 대해 심사숙고해야 하며 동시에 그 위험성을 정확하게 평가하고 있어야 한다. 충분한 검토 끝에 결단을 내렸다면 어떤 결과를 맞이하든 마음 편히 대처할 수 있다.

예문 하천 방류, 어떻게 할 것인가

1998년, 연일 계속된 폭우로 중국 형강(荊江, 후베이성湖北省 즈장현枝江縣 소재) 댐의 수위가 높아지자 관리당국은 이러지도 저러지도 못하고 갈팡질팡했다. 상류에서 방류를 하지 않으면 댐이 무너질 수도 있었다. 그렇다고 방류를 하자니 하류 지역의 주민들이 큰 피해를 입기 때문이었다.

이 문제를 해결하기 위해 수자원 전문가가 과학적인 분석에 들어갔다. 수자원 전문가는 댐의 면적당 안전도를 계산했을 때 수위가 45미터일 때까지는 댐이 무너지지 않는다는 결론을 내렸다. 당시 형강 댐의 수위는 45미터를 조금 넘은 45.3미터였다. 그 정도면 댐이 무너지지 않는 안전수위였기 때문에 당국은 방류를 하지 않기로 결정했다.

하류 주민들은 걱정이 컸지만 아직 위험한 상황은 닥치지 않고 있었다. 형강 중류에는 민간 제방도 다수 설치되어 있었으므로 상류의 댐에 문제가 생긴다 해도 민간 제방이 제 역할만 한다면 하류에 미치는 피해를 막을 수 있었다.

이 결정을 실행하기 위해서는 40만 지역 주민들의 단결과 신뢰가 필요했다. 혹시라도 상류 댐에 문제가 생길 경우 지역 주민들의 단합이 있어야만 성공적으로 후속 조치에 나설 수 있기 때문이다.

---

09 ─『한시외전漢詩外傳』「권 2」.
10 ─『사마법司馬法』「정작定爵 3」.

결국 수자원 전문가의 과학적인 분석 덕분에 형강 주민들은 상류의 댐도 지키고 홍수를 막는 데도 성공할 수 있었다.

당신은 나를 얼마나 사랑하나요?

이러한 '심사숙고'의 원칙을 앞서 나온 '문의 선택' 문제에 적용해보자. 공주나 청년 둘 다 모든 위험성을 검토한 뒤 마음을 정하면 된다. 공주가 검토해야 할 위험으로는 어떤 것들이 있을까(표 3-1)?

공주가 고려할 만한 위험은 이 외에도 많지만, 그 위험들을 모두 고려하고 행동한다면 어떤 결과로 이어지든 큰 미련은 없을 것이다.

그렇다면 청년이 고려할 만한 위험으로는 어떤 것들이 있을까(표 3-2)?

〈표 3-1〉 공주가 검토해야 할 위험

	이유	결과
위험 1	공주가 얻은 정보가 믿을 만하다는 보장이 없다. 공주는 청년에게 잘못된 신호를 보냈을 수 있다.	문에서는 사자가 나오고, 청년은 사자에게 잡아먹힌다.
위험 2	황제는 공주가 청년에게 무언가 신호를 보내고 있다는 사실을 알아채고, 공주가 알려준 문에서 사자가 나오도록 신하에게 다시 지시할 수도 있다.	문에서는 사자가 나오고, 청년은 사자에게 잡아먹힌다.
위험 3	청년은 공주의 신호를 보지 못했을 수 있다.	문에서는 사자가 나오고, 청년은 사자에게 잡아먹힌다.
위험 4	청년은 공주가 보내는 신호를 보았지만, 무슨 뜻인지 이해하지 못했을 수 있다.	문에서는 사자가 나오고, 청년은 사자에게 잡아먹힌다.
위험 5	청년은 공주가 보낸 신호를 오해했을 수 있다.	문에서는 사자가 나오고, 청년은 사자에게 잡아먹힌다.
위험 6	청년은 더 이상 자신에 대한 공주의 사랑을 믿지 못할 수도 있다.	문에서는 사자가 나오고, 청년은 사자에게 잡아먹힌다.

〈표 3-2〉 청년이 고려할 만한 위험

	이유	결과
위험 1	공주는 청년을 살리기 위해 신호를 보낸 것이 아닐 수도 있다.	문에서는 사자가 나오고, 청년은 사자에게 잡아먹힌다.
위험 2	공주는 청년에게 작별인사를 한 것이었을 뿐 별다른 의미는 없었을 수 있다.	문에서는 사자가 나오고, 청년은 사자에게 잡아먹힌다.
위험 3	공주의 손동작은 그냥 무의식적인 것이었다.	문에서는 사자가 나오고, 청년은 사자에게 잡아먹힌다.
위험 4	공주는 청년이 아니라 다른 사람에게 알은 체한 것일 수 있다.	문에서는 사자가 나오고, 청년은 사자에게 잡아먹힌다.

청년이 고려해야 할 위험 역시 이 외에도 많지만, 어쨌거나 자신에 대한 공주의 사랑을 확신해야만 심사숙고 끝에 자신의 선택을 결정할 수 있다.

'심사숙고' 원칙과 위험형 의사결정

신념 원칙과 상반되는 것으로 위험형 의사결정이 있다.

여기서 위험이란 의사결정으로 인해 원치 않는 결과를 얻게 될 가능성을 가리킨다. 이때 위험 분석의 대상은 어떤 결정으로 인해 문제가 발생할 가능성과 그 가능성의 크기, 두 가지다. 위험형 의사결정이란 의사결정의 주체가 어떤 상황에서 어떤 위험이 발생 가능성이 높은지를 산정하는 작업이다. 의사결정의 위험도를 가늠하는 가장 간단한 방법은 각 대안을 실행했을 때 위험이 발생할 확률을 비교하는 것이다. 불합리한 모험은 당연히 위태롭지만 모든 모험이 위태로운 것은 아니므로 신중하고 면밀한 판단이 뒷받침된 모험이라면 시도해볼 만한 가치가 있다.

미국의 학자 알라이스Aallais는 자신의 이름을 딴 '알라이스 역설'에 관

〈표 3-3〉 위험형 의사결정의 개념과 예

개념	각 대안을 실행할 경우 나타날 수 있는 결과를 예측하여 확률로 표시한다. 그러나 확률이 높다고 반드시 위험이 발생한다는 뜻은 아니다. 어떤 선택에도 나름의 위험은 있다.
예	기업에서 사업 다각화를 모색하면서 요식업에 투자할지, 완구 생산에 투자할지 고민하는 경우가 여기에 해당한다.

한 일화를 제시한 적이 있다. 어느 부부가 비행기를 타고 여행을 떠나려 하는데, 며칠 전 비행기 사고가 일어났다. 부부는 한 비행기를 타고 가다 사고가 나서 죽으면 자녀들을 돌볼 사람이 없으므로 각자 다른 비행기를 타기로 한다. 만에 하나 사고가 나더라도 둘 중 한 사람은 살아 돌아올 수 있을 테니 말이다.

얼핏 일리가 있어 보이지만, 사실 두 사람이 각각 다른 비행기를 타게 되면 비행기 사고를 만날 가능성도 두 배가 된다. 위험도를 가늠할 때는 막연히 위험이 발생할 확률만을 예측하는 것보다 위험이 발생할 만한 이유를 구체적으로 검토하는 편이 낫다. 그런 다음, 그중에서 위험이 발생할 가능성이 가장 낮은 대안을 선택해야 한다(표 3-3, 3-4).

미국의 교육자 헬렌 켈러(Helen Keller, 1880~1968)는 "삶은 담대한 모험이 아니라면 아무것도 아니다"라고 말했다. 판단은 그 사람의 지혜를 보여준다. 그러므로 판단만 정확하게 이루어져도 많은 문제를 해결할 수 있다. 반대로 판단이 잘못되면 명예를 잃거나 경제적 손실, 심지어 생존을 위협받는 등의 대가를 치르게 된다.

여기서 말하는 '심사숙고'란 의사결정에 내재된 위험도 평가를 의미한다. 어떤 선택으로 어떤 위험이 발생할 수 있는지를 모두 고려해서 위험

- 조건 1 : 그 결정으로 추구하고자 하는 목표가 뚜렷해진다.

- 조건 2 : 두 가지 이상의 선택지가 존재한다.

- 조건 3 : 의사결정의 주체가 마음대로 바꿀 수 없는 두 종류 이상의 자연상태(여건이나 환경)가 존재 한다.

- 조건 4 : 의사결정의 주체가 정한 자연상태나 혹은 관련 자료에 근거하여 산출한 여러 종류의 자연상태 가 나타날 확률이 존재한다.

- 조건 5 : 각 대안을 실행한 결과 혹은 서로 다른 자연상태에서 나오는 결과의 손익계산이 존재한다.

도가 높은 순서대로 각 선택지를 정렬할 수 있어야 한다.

예문 이솝우화 – 용기 있는 산양

산양 한 마리가 길을 가다 산모퉁이에서 멧돼지와 정면으로 마주쳤다. 멧돼지를 본 산양은 너무 놀란 나머지 그 자리에서 기절하고 말았다. 멧돼지는 배가 불렀기 때문에 산양을 잡아먹을 생각이 없었다. 하지만 산양을 흔들어 깨우면서 짐짓 겁을 주었다.

"이봐, 지금 속으로 무슨 생각을 하고 있는지 세 가지만 얘기해봐. 그럼 내가 목숨은 살려주지. 솔직하게 말해야 돼. 거짓말을 했다간 잡아먹힐 줄 알아!"

산양은 한참 후에야 몸을 바르르 떨며 정신을 차렸다.

"첫 번째로 당신 같은 멧돼지와 마주치지 않기를 바랐지요. 두 번째로는 멧돼지를 만난다 해도 눈먼 멧돼지였으면 했고요. 당신들이 난폭하다고 는 하지만 앞이 안 보이면 우릴 어쩌지 못할 테니까요. 세 번째로 당신들이 우리를 놀리거나 잡아먹어도 우린 당신들에게 아무런 나쁜 짓을 한 적이 없으니 당신 같은 멧돼지들은 죄다 벌 받아 죽었으면 좋겠다고 생각했어요."

산양은 어차피 이렇게 된 마당에 거침없이 대답했다. 그러자 멧돼지가 말했다.

"산양 친구! 진짜 속마음을 다 털어놓으셨군. 대단해! 그 용기를 봐서 목숨은 살려주지. 어서 가봐."

결정을 내렸으면 마음을 바꾸지 않는다

결정을 내릴 때에는 신념이라는 지지대가 있어야만 처음의 원칙을 굳게 지킬 수 있다. 어떤 결정이든 신념이나 이유가 바탕이 되지 않고서는 그 결정을 오래 유지할 수 없다. '의결고정' 원칙은 일시적인 곤란이나 좌절 때문에 결정안의 실행을 포기하지 않기 위한 것이다.

'의결고정'이란 한번 확정한 목표를 쉽게 바꾸지 않는 것을 말하며, 이를 위해서는 어느 정도의 '덕목 수양'도 필요하다. 지혜를 알아보는 안목과 용기가 있어야 하기 때문이다. 결정의 주체는 자신의 신념과 결정을 바꾸지 않을 이유를 찾아 결정한 대로 실행할 의지를 갖추어야 한다. "행동에 의심이 있으면 성취하기 어렵고, 일에 머뭇거림이 있으면 공적을 쌓을 수 없다"[11]는 말이 있다. "손을 써야 할 때는 써야 하고, 일단 손을 썼다면 후회하지 말라"는 뜻이기도 하다. 최종 결정을 내리기 전까지는 모든 의심과 가능성을 검토하되 결정을 내렸다면 그다음부터는 신경 쓰지 마라.

예문 물러나는 법을 알았던 증국번

증국번이 태평천국군을 진압한 지 얼마 지나지 않았을 때였다. 상군의 군사력이 막강하니 이번 기회에 부패한 청 정부를 무너뜨리자고 나서는 사람이 있었다. 그러나 증국번은 이를 단호히 거부했다. 오히려 상군의 힘이 너무 커졌으니 군사 규모를 감축해야겠다고 결심하고, 금릉성 金陵 城 전투에서 자신의 두 아우에게 이렇게 말했다.

"공을 너무 크게 세우면 풍파가 많아 재앙에 이르는 법이다. 혁혁한 공을 세운 뒤에는 얇은 얼음장을 밟고 선 것처럼 조심해야 한다."

증국번은 상군을 이끌고 남경까지 치고 내려간 뒤, 신속하게 군대 규모를 줄였다. 그러고는 조정에서 자신을 경계하지 않도록 장문의 상소를 올렸다.

'소신의 10만 상군에 대해서는 심려를 놓으시옵소서. 수백에 이른다는 군영과 막사, 삼천 리 장강에 빼곡하다는 군기 軍旗는 모두 사실이 아니옵 니다.'

이와 같이 증국번은 태평천국군 진압을 마친 뒤 상군 군축을 단행함으로 써 조정의 근심을 덜고, 자신에게 닥칠지 모를 정치적 위협도 미리 제거 했다.

---

11 – 『상군서 商君書』「경법 更法」.

물러나는 법을 아는 사람의 용기 있는 선택이자, 한번 내린 결정에 대해서는 흔들림이 없었던 증국번의 추진력을 보여주는 일화다.

'의결고정'의 원칙을 앞서 나온 '문의 선택'에 적용한다면, '답은 내 안에 있다'

공주의 신념은 희생을 감수하면서까지 청년을 구할 가치가 있는가와 관련이 있다. 공주는 청년에 대한 사랑이 과연 진심인지 따져보아야 한다. 자신의 감정이 진심이라고 확신한다면, 그때부터는 아무런 후회나 머뭇거림 없이 자신의 결정을 밀고 나가야 한다. 그러나 감정을 확신할 수 없거나 서로의 사랑이 진심은 아니었다고 판단된다면, 위험을 감수하면서까지 청년을 구할 필요는 없다. 청년이 검투장에서 살아 돌아온다 해도 어차피 그다음이 문제될 것이기 때문이다. 그렇게 될 바에야 차라리 손을 놓고, 하늘의 뜻에 맡겨보는 편이 나을 수도 있다. 공주가 어떤 행동을 취할 것인가는 결국 청년에 대한 자신의 감정이 얼마나 진실한가에 달려 있다.

청년도 마찬가지다. 공주의 손짓을 어떻게 해석할 것인가는 공주에 대한 자신의 감정과 관련이 있다. 공주에 대한 사랑이 진심이라면 공주가 암시한 오른쪽 문에서 무엇이 나오든 그 문을 선택하면 된다. 그러나 자신의 감정을 확신할 수 없다면 공주의 손짓에 영향받을 필요가 없다. 결국 공주든 청년이든, 자신의 믿음에 따라 최종 선택을 해야 한다.

신념 원칙과 연성 결정

신념 원칙은 의사결정 중에서도 '연성 결정Soft Decision'과 관련이 있다. '연성 결정'은 정성定性 의사결정이라고도 하는데, 의사결정의 목표를 수

치환된 근거로 평가하기 어려울 때 의사결정 주체의 창의력과 분석력, 판단력을 이용해서 내리는 결정을 가리킨다. 결정권자 자신의 경험과 지혜를 이용하는 이유는 결정권자 자신의 신념이 중요한 결정이기 때문이다.

'연성 결정'과 대비되는 것으로는 '경성 결정Hard Decision'이 있다. 경성 결정은 정량定量 결정이라고도 하는데, 정확한 수치를 근거로 목표를 평가할 수 있을 때 컴퓨터의 계산도구와 같은 수학적 방법을 동원한 의사결정을 가리킨다(표 3-5).

미국의 관리 전문가 피터 드러커는 남들이 자신의 결정을 어떻게 받아들일지, 즉 반대나 수용 여부를 걱정하는 것은 그야말로 시간 낭비라고 말했다. 남들의 반응에 신경 쓰다 보면 중요한 결론을 내리지 못하고 정확한 답도 얻을 수 없기 때문이다.

흔히 작은 일에 휘둘리다 보면 큰일을 어지럽히게 된다. 감정에 치우쳐서 작은 일에 흥분하다가 큰일을 망친다는 얘기다. 『손자병법』에는 '군주는 분하다고 전쟁을 일으켜서는 안 되며 장수는 화가 난 상태로 군사를 부려서는 안 된다. 이익에 부합하면 행동하고, 그렇지 않으면 멈추어야 한다. 감정은 가라앉게 되어 있고, 곧 다른 감정으로 변하기도 한다'라고

〈표 3-5〉 연성 결정과 경성 결정의 내용과 특징

종류	내용과 특징
연성 결정	• 수적 근거로 평가할 수 없는 목표일 때 의사결정의 주체 자신의 창의력과 분석력, 판단력으로 진행하는 의사결정이다. • 의사결정의 주체 자신의 경험과 지혜 등이 판단의 근거가 된다.
경성 결정	• 정확한 수적 근거로 평가할 수 있는 목표일 때 수학적인 방법을 동원하여 진행하는 의사결정이다. • 수학적인 방법을 동원하므로 컴퓨터의 계산도구 등이 도움이 된다.

나와 있다. 의사결정의 주체는 연성 결정을 할 때 일시적 감정 때문에 맹목적인 선택을 해서도 안 되지만, 일시적인 성공에 취해 기분으로 일을 처리해서도 안 된다. 의사결정의 주체는 다른 무엇보다도 자신의 감정을 잘 다스려야 한다.

신념은 결정을 이끌어내는 이유이자 의사결정의 기초라고 할 수 있다. 결정의 주체는 자신에게 중요한 신념이 무엇인지 확인하여 그 신념에 따라 내린 결정은 함부로 바꾸지 말고 단호하게 실행해야 한다.

예문 **이솝우화 – 농부와 세 아들**

게으름뱅이 세 아들을 둔 농부가 임종을 맞게 되었다. 농부는 아들들이 자기처럼 땅을 소중히 여기고 부지런히 일하기를 바랐다. 그래서 세 아들을 불러놓고 "포도밭에 어마어마한 보물을 숨겨두었다"라고 유언했다. 농부가 죽자 아들들은 보물을 찾기 위해 밭 구석구석을 열심히 파헤쳤지만 보물은 찾을 수 없었다. 덕분에 흙이 골고루 섞여 그해 포도 농사는 대풍년이었다.

후회하지 않을 선택은 무엇인가

순자는 "세상에는 후회하지 않는 것만큼 대단한 일이 없다. 그러므로 후회하지 않을 정도면 됐지, 반드시 성공하려고 할 필요는 없다"[12]라고 말했다.

정보 원칙은 신중하게 행동했으면 이미 내린 결정에 대해 후회하지 말아야 한다는 것과 관련이 있다. 바꾸어 말하면, 행동을 취한 뒤에는 그에 대한 책임을 감당하고 작은 일에 일희일비하지 않아야 한다는 뜻이다.

결정할 문제에 대해 모든 가능성을 충분히 검토하는 이유는 행동에 필요한 신념을 확립하고, 그 행동에 대해 책임을 지며, 어떤 상황이 닥치더라도 후회나 자책을 하지 않기 위해서다.

예문 홍콩 부동산 시장에 진출한 리자청

1950년대 후반, 홍콩 경제가 회복되기 시작하자 해외 투자자들이 홍콩으로 몰려들면서 홍콩의 여러 산업이 호황을 맞았다.

플라스틱 제조업을 운영하던 리자청도 새로운 사업 기회를 엿보던 중 부동산 시장에 관심을 갖기 시작했다. 어느 나라든 경제가 살아나기 시작하면 주택, 사무실을 가리지 않고 부동산 수요가 늘 것이라고 판단했기 때문이다.

기존의 플라스틱 제조업도 성장가도를 달리고 있었지만 아무래도 부동산 사업을 시작하려면 기존 사업은 정리를 해야만 했다. 성숙기에 접어든 사업을 정리하는 것은 어리석은 선택이 아닐까? 리자청은 결정을 못 내리고 갈팡질팡했다. 그러나 홍콩 경제에 대한 분석자료는 홍콩 경제의 전망을 그의 기대치 이상으로 긍정적인 평가를 하고 있었다. 리자청은

---

12 – 『순자』 「의병 議兵」.

바로 그 정보를 믿고 부동산 사업에 뛰어들기로 결심했다. 플라스틱 사업을 접고 후회할 수도 있지만, 부동산 사업을 포기하면 정말 평생 후회하게 될 것 같았다.

리자청은 플라스틱 제조업에 투자했던 자금을 모두 회수하고 은행 융자를 보태서 홍콩의 토지를 대량 매입했다. 그리고 그 자리에 많은 건물을 지었다. 홍콩은 땅이 좁고 인구가 많은데다 경제가 급성장하고 있었기 때문에 청쿵실업長江實業에서 지은 건물들은 고가에 빠르게 매수되었다. 불과 몇 년 사이에 리자청은 백만장자 대열에 끼게 되었다. 그는 1984년부터 홍콩에 금융위기가 닥친 1997년까지 한순간도 부동산 사업을 포기하지 않았다.

이렇듯 결정을 내릴 때에는 자신의 책임을 분명히 인식하고, 결정을 내린 뒤에는 쓸데없이 후회하지 말아야 한다.

이러한 정보 원칙을 '문의 선택' 문제에 적용하면, '우리가 서로 사랑한다'는 사실이 판단의 기초가 된다

공주와 청년이 서로를 진심으로 사랑한다면 청년이 사자에게 잡아먹히는 것과 미녀와 결혼하는 것 모두 후회할 일이 된다. 어쩌면 두 사람은 처음 사랑을 확인한 이래로 지금 같은 때가 오리라고 예상했을 수도 있다. 그래서 더욱 대담하게 밀고 나갔는지도 모른다, 더 이상 갈 데가 없을 때까지.

이것이 바로 '후회하지 않을 행동'이다.

미국의 시인 프로스트(Robert Frost, 1874~1963)의 「가지 않은 길The Road Not Taken」은 의사결정의 후회에 대해 다시금 생각해보게 한다.

노란 숲 속에 두 갈래 길이 나 있었습니다.

나는 두 길을 다 갈 수 없는 것을 안타깝게 생각하면서

갈림길에 서서 한참을 바라보았습니다.

한 길이 꺾여 구부러진 데까지 되도록 멀리.

오랜 세월이 흐르면 아마도 나는

한숨을 쉬면서 사람들에게 이야기하겠죠.

숲 속에 두 갈래 길이 있었는데

나는 남들이 가지 않은 길을 택했고

그것이 나의 모든 삶을 바꾸어놓았다고.

무후회 원칙과 최소최대 후회값 의사결정

의사결정 이론에는 최소최대 후회값이라는 개념이 있다. 최대의 수익을 가져다주는 가장 우수한 대안이 무엇인지 드러나는 순간, 그 대안을 택하지 않은 사람이라면 후회하게 될 것이다. 여기서 그 우수한 대안이 가져다주는 수익과 그 사람이 택한 대안이 가져다주는 수익 사이의 차액이 바로 후회값이다. 이때 의사결정의 주체는 각 대안들의 최대 후회값을 모두 산출한 뒤 최대 후회값이 가장 적은 대안을 가장 우수한 대안으로 최종 선택하면 된다(표 3-6).

'무후회성'이라는 말은 의사결정의 주체가 어떤 선택을 하든 후회가 없을 수는 없다는 것을 암시하는 표현이기도 하다. 의사결정 이론에서 말하는 후회값이란 의사결정 주체의 실책에 따른 손실로, 각 대안들의 수익과 발생 가능한 최대 수익 사이의 차액 혹은 각 대안들의 손실값과 최소

〈표 3-6〉 최소최대 후회값 분석 결정법의 응용

- 1단계 : 가장 크게 발생할 수 있는 수익을 확인한 뒤, 후회값을 옆에 표시한다.

- 2단계 : 각 대안들의 후회값을 모두 계산한다. 자연상태에서 발생할 수 있는 최대 수익과 각 대안들의 실제 수익 사이의 차액이 바로 후회값이다.

- 3단계 : 각 대안들의 후회값을 비교하여 최대 후회값이 가장 적은 대안을 최종 대안으로 선택한다. 선택한 대안을 실행하고 끊임없이 점검한다.

손실값 사이의 차액을 가리킨다. 무후회성 의사결정법은 최우수 대안의 후회 · 손실값을 다른 대안들의 후회 · 손실값과 비교하여, 그중에서 후회 · 손실값이 가장 적은 방안을 최종 선택하는 방식이다.

의사결정 트리

의사결정 트리Decision Tree는 의사결정에 필요한 분석 과정을 나무 모양으로 나타낸 것으로, 의사결정 과정의 여러 단계 혹은 여러 가능성을 한눈에 볼 수 있도록 돕는다. 가장 우수한 대안을 선택하기 위한 도구이기도 하지만, 단계별 문제 해결 상황을 한눈에 볼 수 있다는 장점도 갖고 있다.

의사결정 트리의 특징은 의사결정 과정을 한눈에 조망할 수 있다는 점이다. 의사결정의 주체는 의사결정 과정의 고리들을 정확히 이해할 수 있기 때문에 일시적 충동에 따른 맹목적 결정을 피할 수 있다.

이러한 의사결정 트리를 앞서 나온 '문의 선택' 문제에 적용하면 그림 3-5, 그림 3-6과 같다.

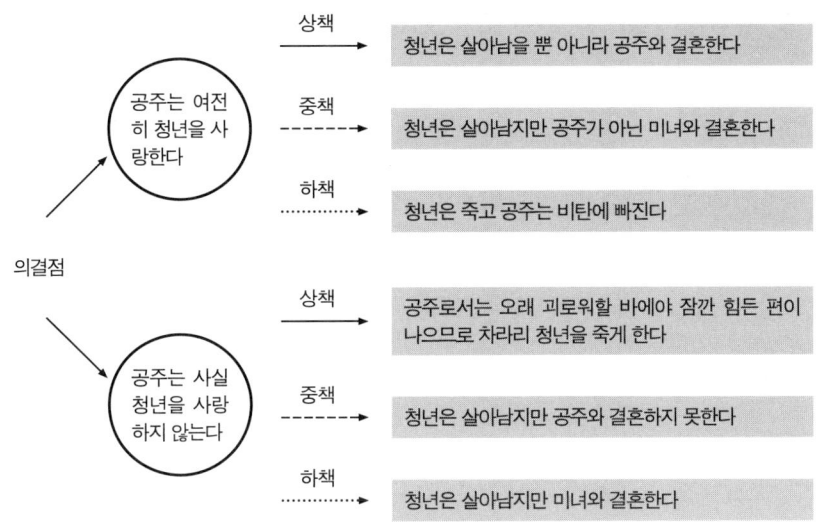

〈그림 3-5〉 공주의 의사결정 트리와 그 대응책

〈그림 3-6〉 청년의 의사결정 트리와 그 대응책

여우가 강을 건너다가 급류에 휩쓸리는 바람에 강기슭에 처박히고 말았다. 여우는 가까스로 땅 위로 올라왔지만 기진맥진해져서 꼼짝 못하고 숨을 헐떡거렸다. 그사이 배고픈 말파리들이 몰려와 여우의 피를 빨아먹기 시작했다. 그때 지나가던 고슴도치가 물었다.

"내가 대신 파리를 쫓아줄까?"

그러나 여우는 고슴도치의 도움을 거절하면서 말했다.

"이 녀석들은 배불리 먹었으니 괜찮아. 그런데 지금 쫓아내면 다른 배고픈 파리들이 몰려올 거야."

제4장

협상의 기술 :
최종가와 정찰가

저우언라이와 헨리 키신저의 협상법

정치적 지도력은 곧 협상(담판)의 기술이기도 하다. 우리 측이 도모하는 최대의 이익을 협상을 통해 얻어내는 일이 곧 정치이기 때문이다. 협상도 흥정처럼 '최종가'와 '정찰가'의 차이가 있다. '최종가'는 처음 요구한 가격에서 조금씩 양보함으로써 얻는 결과다. 그러나 양보할 때마다 '이것이 마지막'이라는 인상을 주어야 한다. 정찰가는 '처음 요구한 가격'의 합리성을 반복적으로 설득하여 그대로 관철시킴으로써 얻는 결과다. 이런 협상의 기술은 헨리 키신저와 저우언라이[13]라는 두 걸출한 외교가에게서 가장 잘 볼 수 있다.

헨리 키신저는 1970년대 국제 정치무대에서 크게 활약했던 인물로, 닉슨(Richard Nixon, 1913~1994) 대통령 임기 중에는 미국 국가안전보장회의 사무국장으로, 포드(Gerald Ford, 1913~2006) 대통령 시절에는 국무장관으로 활동했다. 미국 정부를 대표해 세계 각국을 누볐던 그는 소련, 베트남,

---

13 – 저우언라이(周恩來, 1898~1976). 자는 샹위翔宇, 한때 우하오五豪라는 이름도 사용했다. 저장성 浙江省 샤오싱 紹興 사람이다. 중국공산당, 중화인민공화국과 중국인민해방군을 창건한 핵심 지도자 가운데 한 사람이다. 1949년부터 1976년 사망할 때까지 중화인민공화국 국무원 총리를 지냈다. 또한 1949년부터 1958년까지 외교부 부장을 겸직했다.

이집트 등과의 협상에서 매번 실패하지 않는 외교 협상술을 보여 유명해졌다. 키신저는 자신의 협상 기술을 이탈리아식 드라이 소시지인 '살라미Salami'에 비유하곤 했다. 협상의 요점을 살라미 소시지처럼 잘게 나누어 매 단계마다 사소한 양보를 하고 그 대가를 얻어내는 방식이다. 그렇게 하면 상대는 많은 양보를 얻어냈다는 생각에 가장 큰 한 가지를 대가로 내놓게 된다. 즉 잘게 쪼갠 '살라미'들은 '최종가'에 접근하기 위한 미끼인 셈이다. 뭔가를 잃는 것처럼 보이지만 실은 실리를 얻어내는 식의 방법으로 헨리 키신저는 미국 정부에 막대한 기여를 했다.

저우언라이의 협상 기술은 '구동존이求同存異', 즉 먼저 공통점을 찾아 합의하고, 의견이 다른 부분은 심도 있는 토론을 거쳐 상대의 입장을 정확히 이해해나가는 방식이다. 시작부터 문제의 본질에 바로 접근하는데다 협상 당사자가 성의를 보이면, 상대방은 '노No'라는 말을 못하게 된다. 기나긴 설득 과정이 어찌 보면 지루할 수도 있지만, 문제의 핵심을 먼저 장악하는데다 신뢰와 이익을 동시에 얻을 수 있는 방법이다. 저우언라이는 이런 방법으로 많은 외교 상대들을 설복시켰다.

단 하나의 합리적인 주장

1972년 봄, 중국과의 수교 협상을 위해 중국을 방문한 헨리 키신저는 미국 정부가 '두 개의 중국'을 주장하던 입장에서 물러나 하나의 중국을 인정하기로 했으며, 중화인민공화국만이 중국의 유일한 합법정부임을 승인하기로 했다고 저우언라이에게 말했다. 미국 측이 많은 양보를 했다는 점을 강조함으로써 중국 정부로부터 그에 상응하는 양보를 끌어내기 위해서였다. 이에 대해 저우언라이는 타이완 해협을 사이에 둔 양안兩岸의 중국인들은 본래 중국이 하나이며 타이완을 중국의 일개 성省으로 여기고 있었으므로 미국이 '하나의 중국'을 인정하는 것은 결코 양보가 아니라고 일축했다. 또한 지금 타이완에 있는 장제스 역시 중국은 하나라는 사실을 인정하고 있으니 미국 정부는 중화인민공화국과 수교하고 싶다면 당장 타이완과의 모든 외교관계를 끊고 '하나의 중국'이라는 입장을 정책적으로 보여달라고 요구했다.

그러자 헨리 키신저는 중국이 타이완에 무력통일을 시도하지 말 것과 미국의 '타이완관계법'을 문제 삼지 않을 것을 주장했다. 이에 대해 저우언라이는 중국이 하나라는 사실은 양안 중국인들이 모두 인정하고 있는 사실이므로 중국이 어떤 방법으로 중국 내 지역을 통일할 것인가는 중국의 내정일 뿐 결코 외국의 간섭이나 승인을 받을 일이 아니라고 못을 박았다. 저우언라이의 이런 '정찰가' 협상에는 헨리 키신저의 살라미 수법이 파고들 틈이 없었다.

훗날 키신저는 이런 저우언라이에 대해 진심으로 감탄하며 말했다.

"저우언라이와 협상하는 가장 좋은 방법은 단 하나의 합리적인 주장을 밀고 나가는 것밖에 없었다. 나는 미국 정부의 내부 자료를 그에게 직접 보여주면서까지 우리가 왜 이런 주장을 하는지 이해시키려고 노력했다. 그건 저우언라이도 마찬가지였다. 누구든 저우언라이와 협상할 때는 협상 테이블에서 우위를 점하겠다는 욕심은 버리는 게 좋다."

헨리 키신저의 전기를 쓴 월터 아이작슨(Walter Isaacson, 1952~, 작가, 기업인)도 "저우언라이는 정말 대단한 사람"이라고 평가했다.

"그는 우리로 하여금 우리 측 주장을 완전히 포기하고, 그들의 주장을 전적으로 받아들이게 만들었다. 그것도 기꺼이……."

핵심부터 장악하라

저우언라이의 '정찰가' 협상법은 개별 사안에 집착하기보다 전체 국면을 읽고 논의를 주도하는 '게슈탈트'형 인지모델을 바탕으로 한다. 외부 사물에 대한 인식은 보통 전체에 관한 인식의 영향을 받게 마련이다. 따라서 전체에 관한 인식을 먼저 장악하면 다른 개별 사안에 대한 인식도 주도할 수 있게 된다. 미중 수교에서 저우언라이는 상대방에게 먼저 협상의 틀을 제시하고, 그 틀 안에서 각자의 입장을 전개하도록 만들었다. 이런 협상 방식에는 형식논리에 따른 추리와 구체적 방향성, 평가성, 복종성, 절대성 등을 특징으로 하는 수직적 사고가 반영되어 있다.

순자는 "군주의 도는 가까운 곳을 다스리고 먼 곳을 다스리지 않으며, 밝은 곳을 다스리고 어두운 곳을 다스리지 않으며, 하나로 다스리고 둘로 다스리지 않는다. 군주가 한 가지 마땅한 원칙을 바르게 하면 천하의 모든 일이 바르게 된다"라고 말했다. 여기서 '가까운 곳을 다스리고 먼 곳을 다스리지 않으며, 밝은 곳을 다스리고 어두운 곳을 다스리지 않으며, 하나로 다스리고 둘로 다스리지 않는다'라는 말은 협상에서의 핵심 장악과 수직적 사안 분별을 의미한다. 가장 중요한 핵심을 먼저 장악하면 나머지 개별적인 문제는 저절로 다스려진다는 뜻이다.

키신저의 '살라미' 협상이 점진적인 양보의 이미지虛를 내세워 실리實를 얻어내는 '이허격실以虛擊實'이라면, 저우언라이의 '정찰가' 협상은 초반에 분명한 입장과 이유를 밝히고 협상 자체를 주도해나가는 '이실격허以實擊虛'라 할 수 있다. 키신저는 '최종가' 협상으로 전 세계를 거침없이 누볐지만, 저우언라이의 '정찰가' 협상 앞에서는 무릎을 꿇고 말았다. 저우언라이는 먼저 전체 국면을 장악하고 협상 논의를 주도함으로써 '하나로 잘 다스렸기' 때문이다.

'최종가'와 '정찰가'는 모두 협상(혹은 흥정)에서 흔히 사용하는 방법이다. 그런데도 사람들은 '최종가' 협상에 더 매달리는 경향이 있다. 그러나 '최종가' 협상법은 자칫 나무를 보느라 숲을 놓치게 하기도 하고, 상대에 대한 신뢰가 지나쳐 실질이 아닌 이미지에 더 현혹되게 만들기도 한다. 반면, 처음부터 핵심을 치고 들어가는 '정찰가' 협상법은 나무와 숲을 모두 보는 동시에 협상의 주도권을 거머쥐는 방법이다.

1950년대에 소련의 외교부 장관이었던 몰로토프(Vyaches1av Mikhaylovich Molotov, 1890~1986)도 저우언라이에 대해 "사회주의 국가의 외교가들 가운데 가장 탁월한 인물이다. 원칙과 융통성을 모두 갖춘 그의 협상 기술은 필적할 상대가 없다"라고 극찬한 바 있다. 해방전쟁 시기에 중국의 내전을 중재하고자 했던 미국 특사 마셜(George Catlett Marshall, 1880~1959)도 "저우언라이는 세계적인 협상의 대가"라고 감탄을 아끼지 않았다. 저우언라이의 협상 비법은 핵심 장악으로 협상을 주도할 뿐 아니라 진심과 성의를 다하는 노력으로 상대방을 감복시켜 그들로 하여금 자발적으로 이쪽 입장을 따르게 하는 데 있었다. 그것은 단순한 협상 기술이 아니라 저우언라이의 인간적 매력이기도 했다.

예문 저우언라이의 유머

저우언라이는 외교의 대가일 뿐 아니라 유머의 대가였다. 그가 구사하는 외교 언어에는 품격 있는 유머와 지혜가 담겨 있었다. 그 일화를 몇 가지 소개한다.

먼저 달에 도착한 항아

1971년, 당시 미국 국무장관이었던 헨리 키신저가 중국을 극비 방문했다. 그는 본격적인 대화에 들어가기 전에 저우언라이에게 이렇게 제안했다.

"존경하는 총리 각하, 귀국의 마왕퇴(馬王堆 漢墓, 중국 후난성湖南省 창사長沙에서 발견된 전한前漢 시대의 무덤 – 옮긴이)라는 무덤에서 귀부인 미라와 보물들이 발굴되었다고 들었습니다. 우리 미국의 과학계 인사 가운데 한 분이 지구상에는 없는 물질과 귀부인 미라 주변의 목탄木炭을 교환했으면 하는데, 귀국의 뜻은 어떠신지요?"

"지구상에 없는 물질이란 게 무엇입니까?"

"월토月土입니다. 우리 미국의 우주선이 달을 탐사하면서 가져온 흙이지요. 지구상엔 없는 물질입니다."

그러자 저우언라이가 하하하 웃으면서 말했다.

"난 또 뭐라고. 달에는 우리 중국의 조상님이 먼저 가셨습니다."

그 말에 키신저는 깜짝 놀랐다.

"중국에서 먼저 달에 갔다고요? 언제요? 왜 그런 사실을 진작 공표하지 않았습니까?"

저우언라이는 찻주전자에 새겨진 항아를 가리키며 항아 전설(姮娥. 한대 전설 속의 인물로, 활을 잘 쏘기로 유명한 영웅 예羿의 부인이다. 항아는 예가 서왕모西王母에게서 얻어온 불사약을 훔쳐 먹고 달로 도주, 달에 광한궁廣寒宮을 짓고 살고 있다고 전해진다 - 옮긴이)을 이야기해주었다.

"왜 이 사실을 진작 세상에 공표하지 않았냐고요? 항아는 5,000년 전에 달로 도망가 궁을 짓고 살고 있다고 합니다. 그러니 그 사실을 공표하려면 우리가 다시 달로 사람을 보내야 하지 않겠습니까? 중국통께서 이런 이야기도 모르고 계시다니요! 허허허."

그렇게 저우언라이와 키신저는 화기애애한 담소를 나누었다.

파카 만년필의 내력

1950년대의 일이다. 미국의 한 기자가 저우언라이와 대화를 하던 중 총리의 집무실에서 파카(Parker, 1888년에 설립된 미국의 필기구 제조업체 - 옮긴이) 만년필을 발견했다.

"아니, 총리님께서 어떻게 미국 만년필을 다 쓰고 계십니까?"

그러자 저우언라이가 대답했다.

"이건 미군이 판문점에서 한국전쟁 휴전협정을 체결하고 마지막 서명을 할 때 사용한 펜이니 기념으로 잘 간직하라'며 북한 친구가 제게 준 선물입니다. 펜의 내력을 듣고 나니 더더욱 간직하고 싶어졌지요."

기자는 그만 얼굴이 빨개졌다.

내리막길을 걷고 있는 미국

어느 날, 미국의 한 기자가 저우언라이에게 물었다.

"총리 각하, 중국인들은 어째서 사람이 다니는 길을 마로(馬路, 중국어로 '길'이라는 뜻 - 옮긴이)라고 부릅니까?"

다소 짓궂은 질문이었지만 저우언라이는 침착하게 대답했다.

"우리가 가고 있는 길은 마르크스주의 노선馬克思之路입니다. 줄여서 '마로'라고 하고 있지요."

그러자 기자가 다시 물었다.

"총리 각하, 우리 미국에서는 사람들이 고개를 들고 길을 걷는데 중국 사람들은 왜 다들 고개를 숙이고 길을 걷나요?"

저우언라이는 이번에도 웃으며 대답했다.

'별로 이상한 일이 아닙니다. 미국은 내리막길을 가고 있으니 고개를 들어야 하고, 중국은 오르막길을 가고 있으니 고개를 숙일 수밖에요."

예문 협상심리학이란 무엇인가

협상은 보편화된 사회 교류의 형식이며, 여러 집단의 이익을 조율하고 또 충돌을 막는 가장 좋은 방법이다. 지난 30여 년간 협상심리학은 많은 변화를 겪어왔다. 협상이라는 주제는 1960년대에 처음으로 사회심리학 연구에 포함되었다. 하지만 1970년대 후반 들어 인지심리학이 발달하면서 사람들의 관심이 '관계'에서 '개인'의 내면으로 옮겨감으로써 협상심리학도 관심 밖으로 밀려났다. 그러다가 1980년대 초반 협상에 관한 연구가 심리학계에서 다시 인기 주제로 부상하기 시작했고, 서구 대학들의 경영대학원에서도 주목받는 연구 영역이 되었다. 1980~1990년대에는 협상 중에서도 의사결정 행위에 관한 연구가 협상심리학의 주류로 자리 잡았다. 그러나 1990년대 후반이 되자 의사결정 행위는 지나치게 협소한 주제라는 이유로 관심 밖으로 밀려나고, 대신 협상 과정의 사회적 요소에 관한 연구가 활발히 이루어지기 시작했다.

협상심리학은 사회심리 연구의 하위 분야이지만 협상은 현재 사회심리학, 인지심리학, 의사결정, 임상심리학 모두에서 다루는 주제가 되었고, 이제는 생리학계에서도 협상에 대한 연구를 진행하고 있다. 협상에 대한 여러 분야의 연구 성과가 통합되어 협상 담당자들에게 큰 도움이 되기를 바란다.

제 **5** 장

호설암 :
이익을 예측하고
자원을 배치하다

중국 최고의 상인으로 일컬어지는 호설암(胡雪巖, 1823~1885)[14]은 시세를 읽는 탁월한 안목과 놀라운 적응력으로 중국의 상업계 전반을 장악했던 인물이다. 그는 특유의 놀라운 처세로 상인의 지위가 낮았던 중국 사회의 전통을 깨고 강서 후보도候補道라는 관직에 올랐으며, 상인에게 주어지는 최고 관복인 황마괘黃馬褂를 하사받기도 했다.

그의 처세에는 과연 어떤 심리학적 특징이 있을까? 그의 삶을 통해 정치와 경제 관련 의사결정에 영향을 미친 심리적 특징을 살펴보자.

14─청대의 휘주徽州 적계績溪 사람으로, 자는 설암이다. 유명한 휘상徽商으로, 항주杭州에 처음으로 은호(銀號, 금융 점포)를 열었으며, 절강순무浙江巡撫에게 군량과 무기를 지원했다. 1866년에는 좌종당을 도와 복주福州에 선정국(船政局, 선박의 제조와 구매, 관리를 담당했던 기관)을 창설했다. 좌종당이 섬감(陝甘, 섬서─감숙성) 총독으로 부임한 뒤에는 상해上海의 채운국(菜運局, 국가 운영에 필요한 물자의 조달과 수송을 담당했던 기관) 업무를 직접 관장하고, 좌종당에게 거액의 군량자금을 빌려주기도 했다. 그렇게 상군의 권세를 업고 중국 각지에 부강은호阜康銀號를 20여 개나 열어 한의학 약재와 사차絲茶 등의 매매를 취급하고, 절강 지역의 상업 전반을 관장했다. 은호 개설에만 2,000만 냥이 넘게 들었지만, 호설암은 다시 호경여당胡慶余堂이라는 중의학 약국을 새롭게 열었다. 1884년에 서양 상인들의 배척을 받아 파산한 뒤 세상을 떠났다.

병사들의 급여를 마련해주다

호설암은 한창 성공가도를 달리고 있을 때, 앞으로 정계의 거물이 될 재목인 가난한 선비를 눈여겨보고 있었다. 그 선비의 이름은 왕유령(王有齡, 1810~1862)[15]으로, 본래 권문세가의 자제였으나 가세가 기울어 가난에 허덕이고 있었다. 호설암은 왕유령에게 은자 500냥을 주면서 북평에 있는 고위 관료에게 부탁하여 관직을 하나 사라고 말했다. 이후 왕유령은 화려한 관운을 누리며 승승장구했다. 왕유령은 승진에 승진을 거듭하는 동안에도 지난날 호설암이 베푼 은혜를 결코 잊지 않았으며, 나중에 호설암의 전장錢莊 사업을 물심양면으로 도왔다. 왕유령의 관직이 높아질수록 호설암의 장사도 나날이 번창했다.

그런데 그만 호설암이 전혀 예상치 못한 일이 일어나고 말았다. 왕유령이 태평천국군과의 전투에서 수성守成에 실패하자 자결한 것이다. 왕유령의 뒤를 이어 절강순무가 된 사람은 증국번의 추천을 받은 좌종당[16]이었다. 그런데 그는 호설암에 대해 몹시 안 좋은 편견을 가지고 있었다.

호설암은 이런 상황을 타개하기 위해 우선 좌종당에 대해 알아보았다. 좌종당이 병사들의 급여 문제 때문에 발을 동동 구르고 있다는 소문이 전

---

15 – 자는 영구英九, 호는 설헌雪軒으로, 복건福建 사람이다. 유령은 도광(道光, 청대 선종의 연호) 연간 (1821~1850)에 절강염대사浙江鹽大使의 도움과 호설암의 금전적 지원을 받아 오정烏程, 자계慈溪, 정해定海, 인현鄞縣, 인화仁和 등지의 지현知縣, 호주지주湖州知州, 항주지부, 강소안찰사江蘇按察使, 포정사布政司 등을 역임했고, 후에 절강순무로 승진했다. 절강순무 시절 항주성을 포위한 태평천국군에게 성이 함락되자 자살했다.

16 – 만청 시대의 군정중신軍政重臣이자 상군을 이끄는 장군이며, 양무파洋務派의 수령이었다. 자는 계고季高, 호는 상상농인湘上農人, 호남성湖南 상음湘陰 사람이다.

해졌다. 절강으로의 출격을 앞둔 상황에서 다섯 달째나 급여를 지급하지 못하고 있는 형편이었다. 호설암은 '이때다!' 싶었다. 벌금 대납 형태로 기부를 하면 되겠다는 생각이 떠올랐다.

사료를 보면, 당시 군인 급여의 재원으로는 두 종류가 있었다. 하나는 일종의 상업세인 이금釐金[17]이었고, 다른 하나는 전국 각지의 부호들에게 병사들의 급여로 쓸 돈을 기부해달라고 권유해서 받은 일종의 기부금이었다. 당시 좌종당은 이금을 더 거두기도, 기부금을 또 받아내기도 어려운 상황이었다. 아무리 궁리에 궁리를 거듭해보아도 마땅한 방법이 떠오르지 않았다. 호설암은 자신이 직접 기부할 게 아니라 태평천국군에서 도망친 장수들을 이용하기로 했다. 그 방법으로 세 가지가 있었다(표 5-1).

결국 호설암은 태평천국군이 청군에 투항할 경우 가벼운 벌을 주고 청군으로 받아들이면 어떻겠느냐는 제안서를 좌종당에게 보냈다.

좌종당의 입장에서는 발등에 떨어진 불을 끌 수 있는 방법이었지만, 호설암이 사사로운 이익을 취하기 위해 제시한 방법이라고는 생각되지 않았다. 그러나 그 제안의 최대 수혜자는 바로 호설암 자신이었다. 이 제안으로 호설암은 새로운 관료에게 정치적으로 기댈 수 있게 되었을 뿐 아니라 무수히 많은 잠재고객을 확보할 수 있었기 때문이다.

투항한 태평천국군의 벌금을 대납함으로써 청군의 급여 재원을 마련한다는 생각은 얼핏 순간적으로 떠올린 아이디어 같지만 실은 수평적 사고의 진수를 보여주는, 상당히 내공이 깊은 수완이다.

---

17 - 함풍咸豊 4년 3월에 태평천국군을 진압한 청군들에게 급여를 지급하기 위해 이금을 거두기로 했다는 기록이 있다. '이釐'는 1푼으로, 물건값의 1퍼센트를 세율로 하여 당시 유통되는 모든 물건에 대해 거둬들인 세금을 '이금'이라고 한다.

〈표 5-1〉 태평천국군에서 도망친 장수들을 이용하여 기부할 방법

방법	분석
태평천국군 출신 병사들이 벌금을 내고 항복하여 청군으로 살 수 있도록 돕는다.	당시 태평천국군은 가는 데마다 패하고 국법의 처벌을 받는 등 세가 약해지고 있었다. 태평천국군의 장수라면 자신의 미래를 염려하지 않는 이가 없었을 것이다. 약간의 금전적 손실을 감수하더라도 더 큰 비극을 면할 수만 있다면, 그들로서도 마다할 이유가 없다.
청군 군사 급여에 필요한 자금을 좌종당에게 직접 빌려준다.	태평천국군이 중국 동남부를 차지한 지도 10여 년이니 그간 태평천국군이 약탈한 재물도 어마어마했을 것이다. 호설암의 자금을 빌려 舊 태평천국군 지도부를 모두 잡아들인다면 그들에게서 벌금으로 거두어들일 수 있는 재물도 막대할 것이었다.
조정에 직접 기부하여 조정의 조세 부담을 덜도록 돕는다.	태평천국군을 진압하는 데 너무 많은 자원과 인력을 투입하느라 조정으로서도 여력이 없고 백성들도 지쳐 있다. 또다시 세금을 거두거나 기부를 권유한다면 백성들만 더욱 피폐해질 뿐이다.

　당시 청군과 태평천국군은 절대 같은 하늘을 이고 살 수 없는 원수 같은 존재였다. 그런 양쪽이 공유하는 이익을 끈으로 삼아 두 세력을 하나로 잇는다는 생각은 보통사람이라면 감히 할 수 없었을 것이다. 그러나 영국의 정치가이자 작가인 벤저민 디즈레일리(Benjamin Disraeli, 1804~1881)가 말했듯이 "영원한 적도, 영원한 친구도 없다. 영원한 이익이 있을 뿐"이다. 시대의 흐름과 변화를 읽는 능력은 정계나 경제계에 있는 사람이라면 반드시 갖추어야 할 소양이다. 전체 국면을 염두에 두면서 상식의 궤도를 과감히 벗어나 생각할 수 있다면 패배를 모르는 자리에 서게 될 것이다.

역적의 재물을 관리할 기회

─────── ❧ ───────

호설암의 기지는 이것으로 끝나지 않았다. 태평천국군을 이용한 청군의 급여 지원은 그의 수완을 입증하는 한 가지 사례에 불과하다. 호설암은 또 다른 과감한 결단으로 사업을 더욱 크게 성장시켰다.

전장錢庄은 청나라 말기에 존재했던 금융기관의 전신으로, 오늘날의 은행과 비슷한 일을 했던 곳이다. 금융이란 곧 자금의 융통이다. 당시 전장은 비교적 낮은 이자를 주고 고객의 예금을 받아 거래처에 높은 이자를 받고 빌려주는 일을 했다. 두 이자의 차액이 곧 전장의 이윤이었다. 상인이라면 누구나 이윤의 극대화를 추구하게 마련이다. 적은 이문을 남기고 파는 것은 장사가 아니다. 큰돈을 벌려면 사업을 크게 해야 하고, 사업을 크게 하려면 '손이 커야' 한다. 그러나 큰일에는 위험도 따르는 법. 큰 사업에 투자를 하려면 거액의 융자를 쓰지 않을 수 없는데, 큰 사업과 융자 모두 엄청난 위험을 떠안는 일이었다.

예금을 받는 은행 입장에서는 돈을 맡길 고객의 수도 중요하다. 태평천국운동이 실패했을 때, 호설암은 도망친 태평천국군 병사들이 새로운 사업 기회가 될 수도 있다고 판단했다. 호설암은 자신이 운영하는 부강은호에서 태평천국군 병사들의 예금을 받기로 결정했다.

그러나 동료 상인들은 너무 위험 부담이 크다며 호설암을 만류했다.

더욱이 당시 분위기로 보더라도 태평천국군을 전장 고객으로 받아들일 경우 도적들의 사재 은닉을 돕는 대역죄로 몰리기 십상이었다. 태평천국운동을 진압한 조정에서는 '역적'들을 추포하고 그들의 재산을 몰수했다.

그런 태평천국군의 사재를 전장에서 예금으로 받아 관리한다면, '역적들의 재산을 보호'해주었다는 이유로 관아에서 '대역동참죄'를 물을 수도 있었다.

문제는 또 있다. 추포된 태평천국군이 장래에 사면이나 석방을 받아 예금을 도로 찾겠다고 나오면, 전장에서는 그간의 이자까지 쳐서 돈을 돌려주어야 한다. 그런데 만약 관아에서 그 돈은 본디 역적의 재물이었다며 몰수해버린다면? 전장으로서는 예금을 관리하다가 막판에 관아에 빼앗겨버릴 수도 있는 일이었다. 그러나 호설암의 생각은 달랐다.

첫째, 태평천국군 입장에서는 자금을 전장에 맡기는 것이 특별히 곤란한 선택도 아니고, 비용이 많이 드는 것도 아니다. 무엇보다 당시 태평천국군은 완전히 무너져서 그야말로 혼란 상태였다. 사람들 눈을 피해 도망을 친다 해도 그저 일시적인 도피일 뿐 궁극적 해결책이 될 수는 없었다. 그보다 어려운 문제는 이런 혼란 속에서 재산을 옮기는 일이었다. 한두 푼도 아니고, 그 많은 재물을 도대체 어디에 숨겨둘 것인가? 그나마 관아의 정치적 보호를 받는 부강은호에 돈을 맡기는 편이 그들로서도 낫지 않을까? 도망자 신세에다 갖고 있는 재물이 '역적의 재산'이라 손가락질 받고 있는 마당에 설마 이자까지 챙겨 받겠다고 나올까?

둘째, 관에서도 태평천국군을 끝까지 추적하지는 않을 것 같았다. 태평천국군을 진압하는 데만 이미 10여 년을 매달려온 뒤라 조정에서도 더는 여력이 없을 것이다. 잡아들인 태평천국군에 대해서도 물론 수뇌부는 엄벌하겠지만 추종자에게까지 가혹한 죄를 묻지는 않으리라. 게다가 관군 중에도 태평천국군과 연루된 자들이 있을 수 있다. 태평천국군의 은닉자금을 추적하다가 도리어 관군의 비리나 횡령 사실이 탄로날 수도 있는데,

과연 관에서 그런 위험까지 감수하려고 할까? 아무리 세상이 혼란스러워도 누구나 자기 살 길은 찾는 법이다. 지금 같은 상황에서는 태평천국군의 재산을 전장에라도 맡겨두지 않으면 언제 어떻게 다시 잃게 될지 알수 없다. 만에 하나 관에서 정말 자금 추적을 한다 해도 호설암으로서는 할 말이 있었다.

"이마에 '나 태평천국군이오' 라고 써 붙이고 와서 돈을 맡기는 것도 아닌데, 누가 무슨 돈을 맡기러 왔는지 내 어찌 안단 말이오?"

이와 같이 호설암은 모든 상황과 여건을 통찰하고 권력세계가 지닌 음성적인 면까지 따져봄으로써 대담한 결정을 내린 사람이다.

오늘날에도 법에 대해 속속들이 꿰고 있는 법률전문가 집단이 있다. 그러나 이들이 주로 하는 일은 '합법적 탈세 방법' 같은 '법의 빈틈'을 찾아내는 것일 뿐이다. 설마 호설암의 경영에서 힌트를 얻은 것은 아닐까?

예문 호설암은 어떻게 해서 파산했는가

호설암은 인생의 전성기라 할 수 있는 쉰 살의 나이에 국가의 부를 위협할 정도의 최고 상인이 되었다. 그 무렵 조정 중신인 좌종당과 이홍장은 권력을 놓고 치열한 암투를 벌이고 있었는데, 어느 날 이홍장은 좌종당이 끊임없이 공을 세울 수 있었던 배후에 호설암의 지원이 있었다는 사실을 알게 되었다. 그는 좌종당을 치려면 먼저 호설암부터 무너뜨려야겠다고 마음먹었다.

1883년, 프랑스군이 당시 청군이 주둔해 있던 베트남까지 밀고 내려왔다. 중국과 프랑스의 충돌이 불가피해지자 조정에서는 좌종당을 청군의 지휘관으로 다시 불러들였다. 이홍장과 성선회(盛宣懷, 1844~1916, 청나라 말기의 관료, 자본가-옮긴이)로서는 호설암에게 손을 쓸 절호의 기회였다. 호설암은 당시 생사生絲 시장을 독점하고 있는 서양 상인들을 몰아내기 위해 대량의 생사를 고가에 매입하고 있었다. 호설암과 경쟁관계에 있던 성선회는 그 기회를 놓치지 않으리라 마음먹고 이홍장과 손을 잡았다. 그는 전보를 통해 호설암의 생사 매매 현황을 보고받는 한편 직접 생사를 구매하여 호설암에게 생사를 파는 상인들에게 공급했다. 그리고 전국의 상인들에게 호설암의 생사를 절대 사들이지 말라고 지시했다. 호설암의 창고에 생사가 쌓여갈수록 호설암의 금고는 바닥을 드러냈다.

그즈음 호설암이 좌종당의 군대를 지원하기 위해 빌린 돈 80만 냥의 상환일자가 다가오고 있었다. 표면적으로는 청 정부가 외국 은행에서 차관을 들여오는 형식이었지만, 그 차관의 관리를 호설암이 담당하고 있었으므로 은행들은 호설암을 찾아와 상환을 요구했다. 이 차관을 상환하기 위해 매년 각 성에서 호설암에게 협조비를 보내오고 있었으며, 상해의 도태부道台府에서 협조비를 일괄적으로 모아 호설암에게 전달했다. 성선회는 바로 이 연결고리를 건드릴 작정이었다. 그는 먼저 상해 도태 소우렴邵友濂을 찾아가 이홍장이 협조비를 대신 지원해주기로 했다고 말했다. 한편 이홍장은 호설암이 외국 은행에서 지나치게 높은 이자로 차관을 받았다고 서태후에게 보고했다. 이홍장의 보고를 들은 서태후는 노발대발했다.

또 성선회는 외국 은행들에게 지체하지 말고 호설암에게 상환금을 받으라고 부추겼다. 호설암은 전국의 부강은호에서 보관하고 있는 자금을 모두 꺼내어 쓰는 한이 있더라도 차관 80만 냥부터 갚아야 했다. 그때까지만 해도 호설암은 일단 급한 불만 끄면 상해에서 곧 협조비가 도착할 것이라 믿고 있었다. 그런데 그때쯤 이홍장과 성선회는 최후의 일격을 남겨두고 있었다. 그들은 전국 부강은호의 금고가 텅 비어 있는 틈을 노리고 사람들에게 예금인출을 부추겼다.

대량의 예금인출 사태는 상해를 필두로 시작되었다. 마침 상해에 있던 성선회는 회심의 미소를 지으며 그 혼란을 지켜보았다. 호설암은 허겁지겁 좌종당에게 전보를 쳤지만, 그때는 이미 성선회가 사람을 시켜 중간에서 전보를 가로채도록 손을 쓴 뒤였다. 결국 호설암이 보낸 전보는 좌종당에게 전해지지 못했다. 호설암의 집과 땅은 즉시 압류되었다. 호설암은 창고에 쌓인 생사를 헐값에라도 내다 팔아 예금인출 사태를 해결해보려 했지만, 일은 더욱 악화되기만 했다. 전국의 모든 부강은호에서 예금인출 사태가 벌어진 것이다. 호설암은 그제야 뭔가 잘못됐다는 것을 깨달았다. 모든 것이 이홍장과 성선회의 계략이었음을 알게 되었을 때는 이미 가진 재산을 몽땅 잃은 뒤였다.

얼마 뒤 호설암은 울화병으로 세상을 떠나고 말았다.

출처 : 장후린張胡林,《신기한 이야기傳奇故事》, 2007년 2호

장사에는 '변통'이 중요하다

호설암이 부강은호를 연 지 얼마 되지 않았을 때였다. 절강번사浙江藩司인 인계(麟桂, 1848~?)라는 사람이 호설암에게 은자 2만 냥을 잠시 빌리고

싶다는 서한을 보내왔다. 호설암은 인계의 이름만 들어 알고 있을 뿐 한 번도 만난 적이 없었다. 그때 관가의 한 지인이 인계가 곧 타지로 전출될 예정이며, 전장에서 돈을 빌리려는 이유는 아마 그동안 횡령으로 생긴 적자를 메우기 위해서일 것이라고 귀띔해주었다.

은호를 연 지 얼마 되지 않은 때여서 전장에는 동료 상인들이 축하금으로 보내온 4만 냥 정도밖에 없었다. 따라서 인계가 요구한 2만 냥은 전장 보유고의 절반에 해당했다. 은자를 빌려주자니 언제 돌려받을지 알 수 없고, 그렇다고 안 빌려주자니 관가와 껄끄러운 관계가 될 수도 있는 상황이었다. 호설암은 선뜻 결정을 내리지 못하고 망설였다.

이럴 때 다른 전장 주인들 같으면 그럴듯하게 둘러대어 제안을 물리쳤을 것이다. 그러나 누구든 사정이 어려울 때 도움을 받으면 평생 그 도움을 잊지 못하는 법이다. 더욱이 인계 정도의 지위라면 2만 냥을 구하는 것쯤은 대단히 어려운 일도 아닐 것이다. 또 호설암의 다른 지인은 인계는 빌린 돈을 갚지 않을 무뢰배가 결코 아니라고 말했다. 다만 후임자에게 전임자의 재정 적자를 떠넘기지 않으려고 돈을 빌리려는 것 같다는 얘기였다.

마침내 호설암은 모험을 하기로 결심했다. 개업 축하금을 동원해서라도 인계에게 은자를 빌려주기로 했다. 그러나 전장 동료인 유경생劉慶生은 호설암의 결정을 이해하지 못했다. 그런 유경생에게 호설암이 말했다.

"장사치는 변통을 잘해야 하네. 돈이란 들어올 때도 있고 나갈 때도 있고, 형편이 안 좋은데도 내놓아야 할 때도 있지. 돈이 들어왔을 때는, 그 돈을 어디에 옮겨두어야 좋은지 남보다 한 발 앞서서 정해두어야 하네."

남을 편하게 해주면 나도 편하게 되는 법이다. 호설암은 어려운 처지에 있는 사람을 도우면 반드시 큰 보답이 돌아온다고 믿고 있었다. 또한 그에게는 어려운 사람을 돕는 일이 인정이나 의리를 떠나서 잠재적 이익을 내는 큰 투자이기도 했다. 그런 생각으로 호설암은 인계에게 은자를 빌려주기로 한 것이다. 설령 인계가 돈을 갚지 않고 도망가버린다 해도, 부강은호로서는 세 가지 이익을 누릴 수 있었다.

첫째, 명성을 얻을 수 있다. 호부戶部에 청하여 '부강'이라는 상호를 정식으로 발급받게 되면 부강은호는 절강성뿐 아니라 북평의 호부에 이르기까지 성省 내외 관부들의 금융 업무를 모두 담당할 수 있다. 둘째, 절강성의 세수稅收는 물론 강소성에서 거두는 '군 급여 협조비'까지 부강은호에서 관리할 수 있다. 셋째, 장래에 강소와 절강 지역 관부의 모든 금융 업무를 부강은호에서 담당하게 될 수도 있다.

이렇게 되면 인계가 빌려간 은자도 안심하고 돌려받을 수 있는데다 부강은호의 활동 영역을 상해, 강소성 일대까지 넓힐 수 있었다. 이보다 확실한 투자가 또 어디 있을까?

수평적 사고의 핵심은 평범한 생각의 틀을 벗어나 전혀 새로운 문제 해결 방법을 찾아내는 데 있다. 호설암의 독특하고도 대담한 결정은 바로 이러한 수평적 사고에 뿌리를 둔 것이었다. 의사결정을 위한 수평적 사고는 다음의 세 가지 요건을 갖추어야 한다.

- 결정한 방법을 적용할 수 있는 현실적 범위(한계)가 어디까지인지 확인해야 한다.
- 유리한 조건과 불리한 조건이 무엇인지 빠짐없이 파악하고 있어야 한다.

- 해결해야 할 문제에 대해 가치 판단만이 아니라 사실 판단도 하고 있어야 한다.[18]

호설암처럼 시의적절한 '변통' 을 구사하는 자만이 자본의 흐름을 읽고 또 장악할 수 있다. 이때 수평적 사고를 활용하는 사람은 얼마든지 자유롭게 '생각의 뒷골목' 을 넘나들되, '생각의 사각지대'에 빠져 그 안에 머무는 일이 없도록 주의해야 한다.

예문 변통의 의사결정 모델

미국의 심리학자인 브룸Vroom과 이튼Yetton이 1960년대에 내놓은 브룸·이튼 상황적응 모델Contingency Model은 문제 자체와 상황의 특성에 따라 각기 다른 해결 방법을 찾아야 한다고 강조한다.

상황적응 모델에서는 고정불변의 '최상' 이 존재하지 않으며, 시기와 여건, 사람, 사건에 따라 문제에 대한 분석과 해결을 달리한다. 원칙과 융통성을 조화롭게 결합하여 가장 효과적인 해결책을 찾는 것이 이 모델의 궁극적인 목표다.

---

18 – 팡쵄方全, 2004년.

제 **6**장

전장에서 빛난
직관적 결정

직관은 감성적 사고에 해당한다. 생리심리학 연구에 따르면 감성적인 정보는 주로 우뇌에서 처리한다. 직관적 사고가 의외의 경이로운 결과를 가져오는 이유는 직관만이 끝없이 변화하는 세상에서 영감을 이끌어내기 때문이다.

직관은 경험적 직관과 선험적 직관으로 나뉜다. 경험적 직관은 사유의 대상이 자기 내부의 사고모델에 부합할 때 바로 그 모델에 따라 진행되는 사고활동이다. 다시 말해 후천적 경험과 관련 지식이 사람의 무의식에서 유기적으로 결합되는 과정인 셈이다. 이러한 과정을 통해 얻어진 인간과 사회, 대자연에 대한 깨달음은 승화된 지식이자 지혜이며, 매우 성숙한 차원의 의식이라고 할 수 있다.

선험적 직관은 인류의 오랜 생존본능에 각인된 지혜로, 명확한 증거가 없는 상황에서도 사안의 표면을 뚫고 감지되는 예감 등으로 표현된다. 오랜 진화를 거치면서 형성된 이런 본능은 복잡한 현대생활에서도 신비롭게 작용한다.

다음은 제2차 세계대전 중 각국의 장교들이 직관을 발휘한 일화를 모았다.

경험에서 나오는 통찰의 힘

중국의 개국공신 가운데 한 사람인 쑤위[19]는 중일전쟁에서 연전연승을 거두어 국가훈장을 받은 인물로 유명하다. 1944년 봄, 중국을 점령한 일본군은 화동 지역의 교통선交通線을 따라 쑤베이(蘇北, 산둥성山東省에 있는 군구軍區)의 신사군(新四軍, 1938년에 편성된 중국공산당 부대. 주로 양쯔 강 중·하류 유역에서 활동했다-옮긴이)을 섬멸하기 위해 화중 지역에서부터 계속 남하작전을 펴고 있었다. 당시 신사군 제1사단장이자 쑤중蘇中군구 사령관이었던 쑤위는 병력을 집중해서 적을 섬멸해야 한다는 중국공산당 군사위원회의 방침에 따라 처챠오車橋에서의 일대 격전을 준비하고 있었다.

처챠오는 화이안淮安, 푸닝阜寧, 바오잉寶應 등 장쑤성의 세 현이 만나는 지점으로 사방이 흙벽으로 둘러싸인 요새였다. 흙벽 주위로는 일본의 괴뢰군(제2차 세계대전 당시 일제의 괴뢰국이었던 만주국의 군대를 일컫는 말-옮긴이) 500여 명이, 흙벽의 동남쪽 모퉁이에는 일본군 소대의 병사 40여 명이 주둔해 있었다. 쑤위는 5개 대대의 병력을 집결하여 부사단장 예페이葉飛의 지휘 하에 처챠오와 그 주변 지역을 일본군에게서 탈환하기로 결정했다. 포병부대에 속한 제7연대는 처챠오를 공격하고, 타이저우泰州독립단에

---

19 - 쑤위(粟裕, 1907~1984). 중국의 뛰어난 전략가이자 군사 전문가이며 혁명가였다. 후난성湖南省 후이퉁會同 사람이다. 초기에 쑤둬전粟多珍, 쑤즈위粟志裕라는 이름을 사용했다. 1926년 11월에 중국공산주의청년단中國共産主義靑年團에 가입했으며 1927년 6월 중국공산당에 입당하여 난창南昌 봉기와 상난湘南 봉기에 참여했다. 중화인민공화국이 건국된 이후 중국인민해방군 총참모장, 국방부 부부장, 군사과학원 부원장, 중공중앙군사위원회 상무위원을 역임했다. 1955년에 대장군 직함을 수여받았으며 중국공산당 제8~11기 중앙위원을 지냈으며 제1기부터 제3기까지 국방위원회 위원을 역임했다. 제3~5차 전국인민대표대회 부위원장 및 중국공산당 중앙고문위원회 상무위원을 지냈다.

속한 1개 대대와 제1연대, 제3군구 특수임무대대 등은 처챠오의 서북쪽 루자탄蘆家灘 부근에 방어진지를 구축하고 화이인淮陰과 화이안 방향으로 진격하는 적의 원군을 공격하도록 했다. 제52연대와 장두江都, 가오유高 郵독립단의 각 1개 대대는 처챠오 이남 추이허崔河 부근에 방어진지를 구 축하고, 차오뎬曹甸 방향을 주시하면서 경계를 서도록 명령했다. 교육단 제1대대와 제4군구 특수임무단의 2개 대대는 예비군으로 편성했다.

쑤위의 전략은 적의 허점을 노리고 멀리서 오는 지원군을 공격함으로 써 적의 모든 인적 자원을 절멸시킨다는 것이었다. 쑤위는 처챠오가 화이 안, 푸닝, 바오잉이 교차하는 지점이므로 이곳에 일본군의 65사단(쉬저우 徐州에 사단부가 주둔)과 64사단(양저우揚州에 사단부가 주둔)이 모여 있을 것이라 고 판단했다. 그런데 처챠오에 있는 괴뢰군은 쉬저우의 화이하이淮海 소 속이고, 바오잉 이남에 주둔하는 일본군은 양저우의 향즈좡項致庄 소속이 어서 각기 명령을 받는 지휘계통이 달랐다. 따라서 신사군이 이곳에 공격 을 퍼붓더라도 일본군은 사태를 관망할 뿐 달리 행동을 취할 수는 없을 것처럼 보였다. 더욱이 처챠오는 신사군의 제1~4사단이 집결해 있는 곳 이었다. 일본군 입장에서도 적의 병력이 집중되어 있는 곳을 감히 침공하 기는 어려울 것 같았다. 처챠오에서 전투가 벌어진다면 일본군에게 전적 으로 불리했다.

처챠오에서의 전투는 3월 5일 새벽에 개시되었다. 신사군은 7개 연대 를 동원하여 남북 양방향에서 원거리 공격을 통해 25분 만에 흙벽을 부 순 뒤 일본군 군영으로 곧장 진입할 계획이었다. 그 뒤를 따르기로 한 포 병부대가 적군을 섬멸하는 임무를 맡았다. 전투는 오후까지 계속되었다. 괴뢰군은 거의 섬멸했지만, 흙벽 곳곳에 산발적으로 남아 있는 일본군 병사들이 어둠을 틈타 간간이 공격해왔다. 처챠오가 무너지자 일본군은 예상한 대로 사태를 주시할 뿐 적극적인 전투태세에 돌입하지 않았다. 일본군의 원군 요청에 바오잉과 차오뗀에서 총 100여 명의 병사가 출동했다. 그런데 이들은 강을 건너려다 중국의 경계부대와 맞닥뜨리는 바람에 더 많은 지원군을 기다리기 위해 후퇴했다.

화이인, 화이안 등지에 주둔해 있던 일본군 제65사단과 제72여단의 병사 700여 명도 야마사와山澤 대대장의 지휘에 따라 처챠오에 도착했으나, 중국 제1연대의 공격을 받고 한좡韓庄으로 숨어들었다. 5일 밤, 제1연대가 한좡에 있는 일본군을 기습했다. 일본군은 거의 섬멸되었고, 일부 병사들만 살아남아 서쪽으로 도망쳤다. 7일에는 처챠오의 흙벽 아래 있던 일본군 병사들이 중국군의 눈을 피해 화이안으로 도망쳤다. 10일에는 둥타이東台에 있던 일본군 12명이 포로로 잡힐 것을 두려워한 나머지 목을 매고 집단 자살했다. 13일, 신사군은 징커우涇口와 차오뗀을 점령하여 군의 거점으로 삼았다. 이로써 처챠오 전투는 신사군의 승리로 끝났다.

그 결과 일본군이 460여 명(포로 24명), 괴뢰군은 480여 명이 섬멸되었고, 일본군 대대장 미사와 미키오三澤幹夫는 사살되었다. 일본군을 상대로 한 전투에서 최고 전적을 거둔 것이다. 이 소식이 인근 지역에 알려지자, 쑤중 지역의 항일전선이 힘을 얻으면서 전세가 급변했다. 옌안에서 처챠오 전투 소식을 들은 마오쩌둥은 "오늘의 처챠오에서 싸운 병사들은 장래에 40만~50만 군대를 이끄는 지휘관이 될 것"이라며 크게 기뻐했다. 그리고 실제로 그렇게 되었다. 그날 처챠오 전투에 참여했던 병사들은 훗날 중공군 지휘관으로 성장했다.

나폴레옹은 "그 어떤 위대한 장군도 한두 번의 기회나 행운만으로 연승을 거둘 수는 없다. 전쟁에서의 승리는 오랜 경험에서 나온 통찰과 전술의 결과"라고 말했다. 전쟁터에서는 치밀한 조사 작업이나 논리적 추론에 매달릴 만한 여유가 없다. 그런 의미에서 직관적 사고는 특히 군사 분야의 의사결정권자에게 반드시 필요한 자질이다.

예문 소수의 병력으로 대군을 이긴 주코프의 예측

1941년 6월 22일, 독일군 부대가 모스크바를 향해 진격해왔다. 당시 소련군의 전력은 모든 면에서 독일군보다 한참 뒤처져 있었다. 그때 소련군 총사령관이었던 주코프(Grigori Konstantinovich Zhukov, 1896~1974)는 '전쟁의 신'으로 불렸다. 하지만 보름 이내에 소수의 보병만으로 소련군의 몇 배나 되는 독일군의 포위공격을 저지하라는 명령은 그로서도 당혹스러울 수밖에 없었다.

병력도 병력이지만 시간이 빠듯했다. 독일군이 공격할 만한 곳에 병력을 신속히 배치시키는 것만이 승리의 관건이었다. 그런데 소련군 참모부는 그때까지도 독일군 부대가 어디에 있는지 위치를 정확히 파악하지 못하고 있었다. 주코프는 시간이 없었다. 일단 병력을 나누어 각각 울랴노프스크Ulyanovsk와 무르만스크Murmansk, 말로야로슬라베츠Maloyaroslavets, 칼루가Kaluga에 배치했다. 뜻밖에도 독일군은 주코프가 예상했던 이 네 방향에서 공격을 해왔고, 소련군은 독일군의 포위공격을 성공적으로 막아낼 수 있었다.

이어 주코프는 울랴노프스크가 가장 위험한 접전지역이라 판단하고 소련군 최고의 장군 로코소프스키(Konstantin Konstantinovich Rokossovsky,

1896~1968)를 그곳에 파견했다. 과연 얼마 지나지 않아 독일군이 앞서 네 개 지역에 보낸 병력보다 더 많은 병력으로 울랴노프스크를 공격해왔다. 소련군 본영에서는 사흘 뒤에야 마침내 제33연대를 추가로 지원해주었다. 주코프는 이 부대를 곧바로 말로야로슬라베츠에 배치한 뒤 로코소프스키를 보내 다시 독일군을 상대하도록 조치했다. 결과는 기적적인 승리였다! 독일군은 말로야로슬라베츠에서 소련군 제33연대와 마주치게 될 거라고는 상상조차 못했다. 제33연대는 소련군이 보유한 유일한 기동병력이었기 때문이다.

주코프는 실전 경험도 풍부했지만, 오래전부터 기갑전투에 대해서 꾸준히 연구해오고 있었다. 1939년, 노몬한(諸門罕, 만주와 몽골의 접경지역 - 옮긴이) 전투에서도 대량의 기갑부대를 동원하여 독일군의 전격전과 비슷한 수준의 기동전을 벌이기도 했다. 이런 전술 덕분에 소련군은 독일과 연합한 일본군을 상대로 큰 승리를 거두었다. 이론적 기반과 풍부한 실전 경험 덕분에 주코프는 1941년의 모스크바 전투에서도 일찌감치 자국의 승리를 확신할 수 있었다.

이처럼 주코프가 실현 불가능해 보이는 임무를 완수할 수 있었던 것은 고도의 경험적 직관 덕분이었다.

타고난 육감에 대한 확신

직관의 또 다른 형태는 선험적 직관이다. 불현듯 뇌리를 스치는 깨달음이라든가 해결책 등이 여기에 해당된다. 선험적 직관은 여섯 번째 감각, 즉 육감이라고도 하는데, 육감은 인간의 사고를 최고 수준으로 끌어올려 순간적인 영감을 얻어낸다.

제2차 세계대전 당시 미군이 룩셈부르크에서 독일군과 접전을 벌이고 있을 때였다. 새벽 4시에 문득 잠에서 깬 패튼이 급히 보좌관을 불렀다. 패튼은 보좌관을 통해 부대 전체에 전투태세를 갖추라는 명령을 내렸다. 이어 놀라운 일이 벌어졌다. 미군이 전투태세를 갖추자마자 독일군의 공습이 시작된 것이다. 미군은 패튼의 명령을 받고 미리 대비한 덕분에 독일군의 기습에 효과적으로 대응할 수 있었다.

전투가 끝난 뒤 참모 중 한 사람이 패튼에게 물었다.

"장군님은 어떻게 독일군의 공습을 예상하셨습니까?"

그러자 패튼이 웃으면서 대답했다.

"예상한 게 아닐세. 나는 그날 독일군이 공습을 해올지 어떨지 전혀 모르는 상태였지. 다만 새벽 3시에 아무 이유 없이 잠에서 깼을 때, 문득 전투태세 명령을 내려야겠다는 생각이 들었을 뿐이야."

이 밖에도 패튼은 자신의 군사적 직감에 대해 이렇게 말했다.

"나는 모든 전술이 그렇게 갑자기 떠오르는 식이었다. 차분히 앉아서 전략을 고민해본 적이 한 번도 없다."

그런데 바로 그런 직감들이 그에게 끊임없는 승리를 가져다주었다.

패튼의 실전 경험이 풍부하다는 사실도 무시할 수 없지만, 잠에서 깨자마자 정확한 군사적 판단을 내릴 수 있었다는 것은 그만의 천부적 재능이 아닐 수 없다.

제2차 세계대전이 막바지에 접어들 무렵이었다. 독일군 사령부는 영미 연합군이 유럽에 상륙하리라는 예상은 하면서도 그 지점이 정확히 어디가 될지 알 수가 없었다. 독일군 정보부에서도 연합군의 상륙 지점을 노르망디Normandie나 칼레Calais 해협, 네덜란드 가운데 한 곳으로 꼽았지만 구체적으로 어디라고 확신을 갖지 못했다.

1944년 4월 어느 날, 히틀러는 연합군 상륙지점에 관한 문제로 군사회의를 소집했다. 독일군 사령부의 최고위 장교들이 모두 참석하는 회의였다. 롬멜(Erwin Rommel, 1891~1944)과 룬트슈테트(Karl Rudolf Gerd von Rundstedt, 1875~1953)는 방어에 어려움은 따르지만 낙하산 부대가 용이하게 접근할 수 있는 칼레 해협에 연합군이 상륙할 것이라는 입장이었고, 다른 참모들도 이에 동조했다. 그런데 히틀러만은 다른 의견을 내놓았다. 그는 연합군이 노르망디에 상륙할 것이라고 예측했다. 노르망디는 얼핏 보기에는 난공불락의 요새 같지만 뒤로 넓고 잔잔한 강이 흐르고 있어 배를 대기 쉽다는 이유에서였다. 결국 히틀러는 대규모 병력을 노르망디 쪽에 배치하게 하고, 참모 사령관들에게 말했다.

"다들 노르망디를 예의주시하시오!"

히틀러가 노르망디에 군을 배치했다는 소식은 연합군 정보부에도 전해졌다. 아이젠하워(Dwight David Eisenhower, 1890~1969)와 마셜 등 연합군 고위 사령관들은 아연실색했다. 노르망디 상륙작전은 이미 모든 준비가 완료되어 도저히 수정할 수 없는 상황이었다. 연합군 사령부는 히틀러가 노르망디 대신 칼레 해협을 상륙 장소로 여기게 하기 위해 모든 수단을 동원했다. 그 노력이 통했던 것일까. 히틀러는 마침내 자신의 판단을 바꾸어 칼레 해협에 군 병력을 다시 배치하라고 지시했다.

1944년 12월 6일, 드디어 연합군이 우레와 같은 기세로 노르망디에 상륙했다. 그러나 히틀러는 이를 눈속임 정도로 치부하고 지원부대를 파견하지 않았다. 연합군은 곧바로 독일군의 노르망디 방어선을 뚫고 거세게 진격했다. 그제야 독일군 사령부는 연합군이 정말로 노르망디에 상륙했다는 사실을 인정할 수밖에 없었다. 적을 방어할 타이밍을 놓친 독일군으로서는 속만 타들어갈 뿐 사태를 돌이킬 수 없었다. 히틀러도 이 일로 오랫동안 심기가 불편했다고 한다.

사실 히틀러에게는 남다른 군사적 직관이 있었다. 과거 독일군이 벨기에, 프랑스, 소련 등을 연달아 침공할 수 있었던 것도 히틀러의 군사적 직관 덕분이었다. 그러나 노르망디 상륙작전에 대해서만은 연합군 정보부의 방해공작에 넘어가 스스로 자신의 직관을 번복하고 말았다.

물론 이것은 영미 연합군만이 아니라 나치에 반대하는 전 세계 사람들에게는 큰 행운이었다.

예문 직관의 오류

미국의 심리학자 스콧 플로스Scott Plous는 『판단과 의사결정의 심리학 The Psychology of Judgement and Decision Making』이라는 자신의 책에서 직관 혹은 일반상식을 이용한 의사결정에 대한 아모스 트버스키Amos Tversky와 대니얼 카너먼Daniel Kahneman이 1974년에 발표한 연구 결과를 소개한 바 있다.

직관을 사용하면 짧은 시간과 노력으로 비교적 이성적인 결정을 내릴 수 있다는 장점이 있다. 즉 어떤 결과가 발생할 가능성을 별다른 계산 없이도 비교적 정확하게 추정해낼 수 있다. 어떤 결정을 내려야 하는 상황에서는 근사치의 근거만 있어도 충분하며, 이때 직관은 대체로 만족스러운 답을 얻게 해준다. 그러나 직관을 이용한 판단이 체계적인 오차로 이어지는 경우도 있다.

스콧 플로스는 직관의 형식을 대표성 추단법Representativeness Heuristic과 가용성 추단법Availability Heuristic으로 나눈다. 트버스키와 카너먼의 이론에 따르면, 'A를 B로도 표현할 수 있거나 A와 B가 많은 면에서 서로 비슷하다'라는 근거로 어떤 사건의 발생 가능성을 추정하는 방식을 대표성 추단법이라고 한다. 대표성 추단법에 의지하는 경우, 의사결정의 주체는 전혀 대표성을 띠지 않는 특정 디테일에 지나치게 관심을 갖다가 도박사의 오류Gambler's Fallacy에 빠지기도 한다. 가용성 추단법은 '떠올리기 쉬운 사건을 기준으로 어떤 사건의 발생 빈도를 추정'하는 방식으로, 의사결정의 주체는 가용성 추단법을 통해 어떤 사건이나 곤란한 상황이 발생할 가능성을 추정할 수 있다. 그러나 어떤 추단법을 사용해도 오차가 발생할 가능성은 반드시 있다. 어떤 사건이 다른 사건들보다 쉽게 떠오른다고 그 사건의 발생 빈도가 실제로 높다는 뜻은 아니며, 쉽게 떠오른다는 이유만으로 그 사건이 다른 사건에도 적용할 만한 기준이 되지는 않는다. 단지 최근에 일어난 사건이어서 기억하기 쉬웠을 가능성도 높고, 자신의 개인적 감정이 이입되어 잊히지 않는 것일 수도 있기 때문이다.

제 **7** 장

증국번 :
위기를 이겨낸 퍼지사고

인지심리학에서는 모호한 개념이나 추리를 동원한다는 이유로 퍼지 사고Fuzzy Thinking를 사이비로 간주하기도 한다. 퍼지 사고는 확정적 사고처럼 사물을 세밀하게 분석하고 판단해서 이것 아니면 저것이라는 명확한 결론을 이끌어내지 않고, 사물의 개성과 특징을 중점으로 매우 융통성 있는 판단을 내린다.

노자는 "도라는 것은 희미하고 어슴푸레하다道之爲物 惟恍惟惚"라고 했고, 장자도 "지극한 도는 어둡고 그윽하다至道之精 窈窈冥冥"라고 말했다. 중국인들은 오랜 옛날부터 '지혜의 정수'를 퍼지 사고와 연관지어 생각한 듯하다.

'퍼지Fuzzy'라는 말에는 혼란스럽다, 불명확하다, 혼탁하다는 뉘앙스가 들어 있다. 하지만 퍼지 사고는 모호한 현상을 대상으로 하는 사고의 형식일 뿐 사고 자체가 모호하다는 뜻이 아니다. "몽롱할 때 조짐을 살피고, 모호함 속에서 실마리를 잡는다"라는 옛말에서도 알 수 있듯이 인식이란 본디 모호함 속에서 이루어지는 정신활동이다. 퍼지 사고는 그만큼 다채롭고 역동적이긴 하지만 어디까지나 '이익을 최대로 하고, 손해는 최소를 취하는 방법'을 지향한다.

증국번(曾國藩, 1811~1872)[20]은 만청 시대를 대표하는 인물이다. 그의 공과에 대해서는 역사학계의 의견이 분분하나 심리학적 관점에서 그는 누구보다도 퍼지 사고를 잘 활용할 줄 아는 인물이었다. 원칙과 융통성 사이의 '정도程度'를 가늠할 줄 알았던 그는 바로 그 능력 덕분에 여러 정치적 난관을 극복할 수 있었다.

원칙과 융통성 사이에서 길을 찾다

〈명장〉(投名狀, 2007년 작품)이라는 영화는 형제가 서로 반목하다 원수가 되는 이야기를 다루고 있다. 이 이야기의 원형은 청대 동치 9년(1870년)에 남경에서 일어난 양강총독 마신이 馬新貽 살해사건이다.

야사에는 1870년 8월 21일에 마신이가 군사훈련장에서 열병을 마치고 동향 지인인 왕함진王咸鎭과 이야기를 나누고 있는데, 청군으로 변장한 자객이 달려들어 단도로 마신이를 찔러 죽였다고 기록되어 있다. 장문상張汶祥이라는 이름의 이 자객은 암살 후에도 도망가지 않고 순순히 포박되어 관아로 끌려갔다고 한다. 장문상의 칼에 중상을 입은 마신이는 며칠 후 사망했다.

---

20 - 호남 상향湘鄉 사람이다. 자신의 고향인 상향에서 상군을 창설, 청 왕조를 위해 태평천국운동을 진압하고 용의후勇毅候에 봉해졌다. 양강총독, 직례총독 등을 역임한 일품一品 관원이었으며, 사후에 '문정文正'이라는 시호를 받았다.

사건 발생 3일 후, 조정에서는 대신을 파견하여 이 사건의 배후와 원인을 조사하도록 했다. 그런데 장문상이 진술을 얼버무리는 통에 진상이 제대로 밝혀지지 않았다. 조정에서는 증국번을 다시 보내면서 "범인을 엄중히 취조하라"고 명했다.

장문상의 진술서를 찬찬히 읽어본 증국번은 한 달 후 원래는 이러이러한 사건이었다는 내용의 상소를 조정에 올렸다. 모든 일을 엄격히 처리하기로 유명한 그가 이 일은 왜 이토록 허술하게 처리했던 것일까?

마신이가 암살을 당한 이유는 학계에서도 의견이 분분하다. 가장 널리 퍼진 일설은 마신이가 치정 때문에 암살당했다는 것이다. 마신이는 원래 도적의 무리를 소탕하려다 패배해서 포로로 붙잡혀갔는데, 그곳에서 비적 두목과 의형제를 맺게 되었다. 이후 관가로 돌아온 그는 그동안 잃어버린 것들을 보상받으려는 듯 벼락출세를 하더니 급기야 봉강대리(封疆大吏. 국경 지역을 관할하는 대신)에까지 올랐다. 그런데 마신이가 의형제를 맺은 형의 아내와 간음하고 형을 죽이려 들자, 의형제의 수하였던 장문상이 마신이를 처단하기 위해 암살에 나섰다는 것이다.

이 소문이 사실이라면 조정으로서는 치정문제로 암살된 자를 봉강대리로 임명한 셈이니 여간 수치스러운 일이 아니었다. 조정에서는 진상을 제대로 밝히라고 증국번을 더욱더 압박했다. 수사에 부담을 느낀 증국번은 서태후에게 알현을 청했다. 서태후와 몇 마디를 나누다 보니 어렵지 않게 서태후의 속내를 알 수 있었다. 증국번에게 재수사의 압박을 가한 것은 사건을 속히 매듭지어 조정의 체면을 세워달라는 뜻이었다. 그래서 증국번은 수사 자체보다 마무리에 더 신경을 쓰기로 했다.

수사를 빨리 마무리해야 할 이유가 분명했으므로 증국번은 이렇게 상

128

소를 올렸다.

'재삼 심문을 하였으나 범인의 자백은 이전과 똑같았습니다. 심문이 스무 날이나 계속되다 보니 범인은 탈진하여 숨이 끊어질 지경입니다. 이대로 범인이 죽는다면 잔혹한 처벌만 면하게 하는 셈이니 속히 수사를 마무리해야 할 듯하옵니다.'

수사를 마무리하는 것은 어렵지 않았다. 장문상은 '비적과 내통하여 반역을 저질렀다'는 죄명을 받고 능지처참을 당했다. 장문상의 시신에서 꺼낸 심장은 마신이의 가족에게 전해졌다. 이로써 마신이는 훌륭한 관원이었고, 장문상은 비적이었다는 결론으로 사건은 마무리되었다. 이 일로 증국번은 다시 한 번 조정의 신임을 얻었다.

예외적인 은혜를 베풀어 장수를 감복시키다

───────── ✦ ─────────

이홍장은 증국번의 명을 받아 회군淮軍 병사를 모집하던 중 유명전劉銘傳이라는 장수 하나를 눈여겨보게 되었다. 유명전은 화북 평원에서 자라 어릴 적부터 호방하고 기개 있는 인물이었다. 이홍장은 나중에 그에게 부대 하나를 맡기면서 부대에 '명자영銘字營'이라는 이름을 내렸다. 그러나 유명전은 성격이 지나치게 괄괄하여 부대 안에서 걸핏하면 불화를 일으켰다. 이홍장은 대대적인 '비적 토벌'을 앞두고 증국번이 유명전을 길들여주었으면 하고 '명자영' 부대를 자신의 스승 증국번에게 보냈다. 그러나 유명전의 부대는 비적을 토벌하는 과정에서 또다시 진국서陳國瑞의 부대와 충돌을 일으켰다. 이 충돌은 증국번에게도 여간 난감한 일이 아니었다. 내버려두자니 고위 대신으로서 책임을 방기하는 꼴이 되고, 향후 내홍으로 번지기라도 하면 그때는 더욱 사태를 수습하기 힘들어지기 때문이었다. 그렇다고 군법에 따라 엄벌을 내리면 용맹한 장수 하나를 잃게 될 수도 있었다.

증국번은 고심 끝에 '번개만 요란하게' 치기로 했다. 향후 엄중한 처벌을 받을 수 있다고 각인시키며 유명전을 호되게 질책하되, 구체적인 죄는 묻지 않았다. 증국번에게 혼쭐은 났지만 처벌을 면한 유명전은 증국번이 자신에게 특별한 은혜를 베풀었다는 생각에 내심 감사하는 마음을 갖게 되었다. 이후 증국번은 주요 전투에 유명전을 단독으로 내보냄으로써 다른 장수들과 충돌을 빚을 일이 아예 없도록 만들었다.

이홍장은 대만을 경비할 군대로 '명자영'을 조정에 추천했다. 유명전은 그의 기대에 보답이라도 하듯 대만 백성들과 합심하여 프랑스 군대의 침입을 성공적으로 막아냈다. 청 정부는 1885년에 대만을 중국의 성省으로 정식 편입하고, 유명전을 대만성의 첫 순무에 임명했다.

증국번은 '원방철학圓方哲學'을 신봉하는 사람이었다. 원방철학에서 '원圓'은 심리학의 '퍼지 사고'와 같은 '통변'의 지혜를 의미한다. 직선적인 사람을 직선적 강함으로 누르려 하지 않는다든가, 사건을 법대로만 처리하려고 하지 않는 유연성 등이 이에 해당한다. 법질서를 세우는 것도 중요하지만 필요한 때에 인재를 써서 승리를 거두는 것도 중요하기 때문이다.

나를 안전하게 지키는 방법

증국번은 태평천국운동을 진압하는 공을 세우고도 승진을 바라지 않았다. 오히려 그는 이 기회에 조정에서 물러나 쉬면서 여생을 즐기고 싶었다. 그러나 높은 명성 때문에 쉽게 관직을 거부할 수도, 승진을 사양할 수도 없었다. 그는 정중하게 사직을 청하는 상소를 올리려고 했다. 그런데 상소문의 어조가 너무 단호해도 혹은 너무 우유부단해도 조정의 오해를 살 수 있었다. 게다가 다시 전란이 일어나 조정의 부름을 받기라도 하면? 증국번은 어떻게 해야 할지 난감하기만 했다.

증국번이 관직을 원치 않았던 이유는 크게 세 가지였다. 첫째, 총독순무 일이 만만치 않았다. 행정처리만도 번잡한데 따로 군대를 모으고 병사들의 급여 재원도 마련해야 했기 때문이다. 둘 다 수탈이나 원망으로 이어지기 쉬웠고, 자칫 잘못하면 자신의 명성만 그르치기 십상이었다. 둘째, 관직에 오래 있다 보니 자신이 권세와 이득을 누리고 있다는 세간의 오해를 샀다. 적당한 시기에 스스로 물러나지 않으면, 시기나 모함을 받아 비참한 상황을 맞게 될 것 같았다. 셋째, 관직에 있다는 것은 겉으로는 영화로워 보일지 모르나 대단히 위태롭고 버거운 일이었다. "부귀를 누릴 때에는 항상 위기에 처한 듯하라富貴常蹈危機"는 말도 있듯이, 시절이 평화로울 때 관직에서 물러나는 것이 자신을 안전하게 지킬 수 있는 방법이었다. 증국번은 대략 이런 내용의 상소를 조정에 올릴 준비를 하고 이홍장에게 먼저 보여주었다. 이홍장에게서 답장이 왔다.

'어조가 충분히 단호하지 않아 오해를 살 수도 있겠습니다. 모든 일이 그렇듯 너무 서두르지는 마십시오. 다시 전란이 일어나 조정의 부름이라도 받게 되면, 그때 또 입장을 번복해야 하는 곤란에 처할 수 있지 않겠습니까?

증국번은 이홍장의 말에 일리가 있다고 생각하고 답장을 보냈다.

'오늘 이후로 새로운 관직은 받지 않을 것이며, 고향에 내려가 행복하게 살겠다는 뜻도 접을 생각이네. 군영에 계속 있으면서 잡다한 일이나 처리하고, 병사들의 마음이나 잘 돌보아야겠네. 지나치게 높은 권세나 명예를 취하지만 않는다면 큰 화를 면할 수 있겠지. 자잘한 풍파쯤이야 본디 내 소관이려니 하고 받아들이면 그만이고.'

증국번은 자신의 아우 증국전曾國荃에게도 비슷한 내용의 편지를 보냈다.

'우리 형제는 조정의 은혜로 명예가 높아지는 바람에 쉬이 물러날 수도 없는 처지가 되었구나. 화와 복은 어떻게 변할지 모르니 이제부터는 법도를 행하며 천명을 기다려야 한다. 명심해라.'

이렇게 해서 증국번의 심복들은 근심을 덜게 되었고(이홍장과 상군, 회군은 계속 증국번의 정치적 비호를 받을 수 있게 되었다), 증국번도 동료 대신들의 비방을 피할 수 있게 되었다. 특히 초군楚軍을 이끄는 좌종당과 몽골군 셍게린친(僧格林沁, ?~1865)의 의심에서 벗어난 것은 다행한 일이었다. 그렇게 증국번은 황제와 조정을 안심시키고, 당분간 자신의 명예도 지켰다. 증국번은 훗날 다시 사직을 청했으나 반려되었다. 조정에서는 오히려 그의 충심을 높이 사서 상을 내리고 직례총독에 임명했다.

고집스러운 증국번의 '외유내강'

퍼지 사고는 잘 활용하면 지혜가 되지만, 남용하면 이상한 사고방식으로 보일 수 있다. 증국번은 모호해야 할 때 모호하고 명확해야 할 때 명확한, 지혜로운 사람이었다. 그리고 무엇보다도 일단 옳다고 생각하면 끝까지 꿋꿋하게 밀고 나갔다.

이원도는 상군 내에서 증국번과 가장 막역한 사이였다. 상군이 정항靖港, 구강九江, 장수樟樹 등지에서 패배를 거듭하던 시절에도 이원도는 한결같이 증국번을 지지했다. 이원도는 증국번의 문하생이자 증국번이 가장 아끼는 장수였으며, 두 사람은 훗날 서로 사돈을 맺기로 약속도 했다. 증국번은 평소 이원도에 대해 "늘 변함없는 우정을 간직한 사람"이라고 말했다.

한번은 이원도가 군령을 어기고 멋대로 행동했다가 휘주를 잃고 돌아온 일이 있었다. 이때 증국번은 뜻밖에도 이원도의 탄핵을 주장하는 상소를 올렸다.

함풍 10년에 태평천국군이 휘주까지 쳐들어왔는데, 휘주는 안휘성 기문祁門 군영의 방패와도 같은 곳이었기 때문에 휘주를 방어하는 일이 청군으로서는 절체절명의 문제였다. 이원도가 지원병을 이끌고 휘주로 갔지만, 증국번은 병법에 약한 문인인 이원도가 불안하기만 했다. 그래서 이원도에게 안에서 성만 지키고 절대 응전하지 말라고 당부했다. 그러나 막상 태평천국군의 공격이 계속되자 이원도는 증국번의 당부를 잊고 직접 군대를 끌고 나갔다. 결과는 대참패였다. 그 바람에 휘주가 태평천국군의 손에 넘어가고 말았다. 명백히 군령을 어겨서 생긴 문제였으므로 군기를 바로세우자면 합당한 처벌을 내려야 했다. 증국번은 이원도와의 사적인 교분을 제쳐놓고 탄핵 상소를 올렸다.

그런데 다른 문무 대신들이 증국번의 탄핵 상소에 반대했다. 이홍장 또한 "자기 사람일수록 잘못을 덮어줄 수 있어야 하지 않느냐"라고 말했다. 그러나 증국번은 단호했다. 비록 이원도와 교분이 두텁기는 하지만 공이 큰 장수일수록 군법을 엄격히 적용해야 다른 장수들도 군령의 무서움을 깨닫고 함부로 행동하지 않을 것이기 때문이었다.

결국 이원도는 관직을 박탈당하고 고향으로 돌아갔다. 그러나 얼마 지나지 않아 다시 절강순무 왕유령의 군대에 들어가 큰 공을 세웠다. 이 소식을 들은 증국번은 또 한 번 발끈했다. 잘못을 저질렀으면 시간을 두고 자숙해야지, 섣불리 전투에 참여하여 공을 쌓으려 했다는 것이 그 이유였다. 증국번은 이원도가 아직도 자신의 잘못을 깨닫지 못하고 있으므로 반드시 탄핵해야 한다고, 다시 한 번 상소를 올렸다. 상소를 읽은 황제는 뜻밖에도 이원도를 변방으로 유배보냈다. 후에 좌종당, 심보정沈葆楨, 이홍장 등이 유배령을 거두어달라고 연명聯名 상소를 올리자, 황제는 유배령을 거두고 이원도를 다시 고향으로 돌려보냈다.

증국번의 고집스러움이 드러나는 일화다.

출처 : 『왼손으로 증국번, 오른손으로 호설암을 읽는다左手曾國藩, 右手胡雪巖』

상호 침투적인 사고력

현대 뇌과학의 '사고의 대뇌회로설'과 '사고의 상호보완설'은 퍼지 사고에 과학적 근거를 더해준다. 이미지 사고든 추상적 사고든, 각 사고의 우수한 면은 상호 침투하며 서로를 보완한다. 그러므로 인간은 퍼지 사고를 통해 더욱 정확한 사고를 할 수 있다. 퍼지 사고는 우리에게 익숙한 '이분법적' 사고보다 더 객관적으로 언어나 현상의 본질을 묘사한다. 현실에서도 사고의 모호성과 정확성은 서로 연결되어 있으며 상호 침투적이다. 즉 사고의 정확성을 긍정한다고 해서 사고의 모호성을 부정해야 한다는 뜻은 아니며, 절대화된 관념일수록 오히려 사물에 대한 전체적인 인식을 방해하는 면이 있다.

어떤 문제를 해결해야 할 때, 너무 원칙만 주장하는 사람은 시비를 가리는 데만 몰두하느라 곤경을 벗어나는 데 필요한 새로운 국면을 발견하지 못한다. 반면 융통성이 지나친 사람은 행동에 일관성이 없고 우유부단하여 신뢰를 잃기 쉽다. 이때 원칙성과 융통성을 통합하여 양쪽의 장점을 고루 취할 수 있도록 하는 것이 바로 퍼지 사고다. 증국번의 창의적인 문제 해결도 바로 이런 퍼지 사고에서 나온 것이다.

예문 멘탈 세트와 스테레오타입

멘탈 세트Mental Set란 어떤 사물이나 인식을 받아들이기 전에 이미 형성되어 있는 태도나 습관을 말하며 고정성, 잠재성, 종합성의 특징이 있다.

멘탈 세트에 축적된 경험과 지식은 인간 활동의 숙련도를 높여 시간과 노력을 절약해준다는 장점이 있다. 그러나 그것은 우리의 생각을 구속하고, 새로운 방법으로 문제를 해결하고자 하는 시도를 방해하기도 한다. 독일의 심리학자 뮐러(Georg Elias Müller, 1850~1934)와 슈만(Friedrich Schumann, 1863~1940)이 제시한 멘탈 세트라는 개념은, 후에 러시아의 심리학자인 우즈나드즈가 수정, 발전시켜 이론으로 확립했다.

멘탈 세트의 가장 대표적인 형태는 스테레오타입Stereotype, 즉 특정 부류나 사람에 대한 고정관념이다. 스테레오타입은 경험적 근거가 아니라 일시적 편견이나 소문 등으로 형성된 이미지로, 세 가지 특징이 있다. 첫째, 세상 사람들을 단순하게 분류한 개괄적 인식이다. 둘째, 동일한 무리에 대한 스테레오타입은 대개 일치한다는 특성이 있다. 셋째, 사실과 부합하지 않거나 사실과 완전히 다른 편견일 수도 있지만, 처음 보는 사람을 재빨리 분류하여 대략적으로 이해할 수 있게 해준다.

제**8**장

빌 게이츠 :
그는 왜 하버드 대학을
뛰쳐나왔을까

"저는 지난 30년 동안 마침내 학위를 받았다고 아버지께 자랑스럽게 말씀드릴 날만 기다려왔습니다."

2007년 6월 7일, 마이크로소프트의 창업자인 빌 게이츠(William H. Gates, 1955~)[21]가 32년 만에 다시 돌아온 모교 하버드의 졸업식에서 한 말이다. 30여 년 전, 하루빨리 자기 사업을 해서 돈을 벌고 싶었던 빌 게이츠는 창업을 위해 대학 중퇴를 결심한다. 오늘날 많은 사람들이 그가 이룩한 성과의 혜택을 누리고 있는 게 사실이다. 하지만 그 당시만 해도 다른 곳도 아닌 하버드를 그만두는 일이 결코 쉬운 선택은 아니었을 것이다. 지금으로부터 30여 년 전, 그는 대체 어떻게 그런 결정을 할 수 있었을까?

---

21 - 기업가, 자선가, 소프트웨어 엔지니어, 마이크로소프트사 회장이다. 폴 앨런(Paul Gardner Allen, 1953~)과 함께 마이크로소프트를 설립하고, 소프트웨어 CEO와 수석 엔지니어를 역임했다. 마이크로소프트의 최대 주주이기도 하다. 2008년에 자선활동을 위해 경영에서 물러나 개인 재산 580억 달러로 멜린다 - 게이츠 재단을 설립, 운영하고 있다.

삶의 열정을 찾아서

빌 게이츠는 학창 시절 수학과 직관적 사고에 천부적 재능을 보였다고 한다. 열세 살 때 매우 조잡한 형태의 컴퓨터를 처음 보고 호기심을 느낀 그는 언젠가는 어머니도 컴퓨터를 다룰 수 있을 만큼 쉬운 운영체제가 있었으면 좋겠다는 생각을 했다. 그리고 나중에 직접 회사를 차려 큰돈을 벌려고 마음먹었다. 그러나 그런 청소년기의 꿈은 세월이 흐르면서 조금씩 잊혀갔다.

빌 게이츠는 시애틀에 있는 레이크사이드 스쿨Lakeside School을 다니면서 훗날 같이 창업하게 되는 폴 앨런을 만났다. 앨런도 컴퓨터를 좋아해서 두 사람은 밤새도록 컴퓨터에 대해 이야기를 나누곤 했다. 당시 레이크사이드 스쿨에는 미국 최초로 컴퓨터 교육과정이 개설되었고, PC라고 하는 컴퓨터 단말기도 교내에 여러 대 있었다. 빌 게이츠와 폴 앨런은 수시로 컴퓨터실에 가서 밥 먹는 것도 잊은 채 컴퓨터를 만지작거렸다. 오로지 컴퓨터에 푹 빠져 직접 프로그래밍을 하여 컴퓨터상에서 달 위를 걷는 게임을 즐기기도 했다. 당시 빌 게이츠는 닐 암스트롱(Neil Armstrong, 1930~)과 버즈 올드린(Buzz Aldrin, 1930~)이 인류 최초로 달에 착륙하는 모습을 보며 뛰는 가슴을 진정시킬 수 없었다. '나는 우주선을 타고 우주로 날아갈 수는 없지만, 컴퓨터를 통해서라도 달에 가보리라.' 이런 생각으로 만든 게임이었다.

컴퓨터로 달 착륙의 꿈을 이룬 빌 게이츠는 우수한 성적으로 하버드 대학에 입학했다. 그러나 하버드 입학은 그에게 큰 만족감을 주지 못했다.

오히려 공부는 왜 해야 할까, 석 · 박사 과정까지 공부한들 그다음에 무엇이 있을까 하는 회의가 늘 마음을 어지럽혔다. 강의 시간에도 빠지기 일쑤였다. 밤새 포커 게임을 하며 방황했고, 이런저런 생각 때문에 잠 못 이루는 날이 많았다. 빌 게이츠는 훗날 자신의 하버드 생활에 대해 이렇게 회상했다.

"1973년 가을에 하버드에 입학했는데, 강의에는 관심이 없었다. 학기 말에 벼락치기로 하면 되겠지라고 생각했다. 그 외 대부분의 시간을 포커 게임을 하며 보냈다. 당시 내 마음을 사로잡은 것이라고는 포커 게임뿐이었다."

1974년 12월 어느 날, 폴 앨런은 하버드 대학 광장에 있는 신문가판대에서 《포퓰러 일렉트로닉스Popular Electronics》라는 잡지를 보게 되었다. 표지에는 '알테어Altair 8800'이라는 컴퓨터의 사진이 실려 있었고, 그 밑에는 "세계 최초의 마이크로컴퓨터, 상업용 컴퓨터에 도전장을 내밀다!"라고 쓰여 있었다. 앨런은 그 잡지를 빌 게이츠에게 보여주었다.

'드디어 기회가 왔구나!'

두 사람은 잡지를 보며 같은 생각을 했다. 마이크로컴퓨터가 이제 갓 세상에 나왔으므로 당연히 그 컴퓨터로 사용할 소프트웨어가 필요할 것이었다. 소프트웨어 개발에는 두 사람 모두 자신이 있었다. 빌 게이츠는 그 순간, 내면에 도사리고 있던 열정에 불이 확 붙는 것을 느꼈다.

몇 달 뒤 빌 게이츠는 여전히 강의를 빼먹긴 했지만, 더 이상 포커 게임은 하지 않았다. 폴과 함께 밤을 새워가며 '알테어 8800'에서 사용할 수 있는 프로그램을 개발했다. 결과는 대성공이었다. 두 사람은 이제 곧 거대한 소프트웨어 시장이 탄생하리라는 것을 예감할 수 있었다. 얼른 자신들만의 회사를 차려 본격적인 소프트웨어 개발을 하고 싶었다. 그런데 그 전에 결정해야 할 문제가 남아 있었다. 하버드에 남아 학업을 마칠 것인가, 지금 당장 학업을 접고 회사를 차릴 것인가였다.

사느냐, 죽느냐

어느 쪽을 선택하든 기회비용은 만만치 않았다. 창업보다는 공부를 계속하는 쪽이 위험 부담이 적어 보이기는 했다. 치러야 할 기회비용도 적고, 무엇보다도 하버드를 졸업하는 것은 부모님의 가장 큰 바람이기 때문이었다. 그렇지만 다른 쪽으로 눈을 돌리면, 소프트웨어 시장이 맞이하게 될 거대한 혁명이 자신을 기다리고 있었다. 천 년에 한 번 올까 말까 한 기회였다. 빌 게이츠는 그 거대 시장에 당장이라도 뛰어들고 싶은 마음뿐이었다.

To be or not to be. 그때부터 피를 말리는 고민이 시작되었다. 빌 게이츠는 당시의 자신을 이렇게 회고한다.

"나는 우울한 철학자처럼 침대에 누워 앞으로의 삶 전체를 다시 생각해 보았다."

그때 그의 결심을 굳혀주는 사건 하나가 일어났다. 어느 날 폴과 함께 박람회장에 갔는데, 그곳에서 두 사람이 힘들여 개발한 소프트웨어를 도둑맞는 일이 벌어진 것이다. 그 소프트웨어는 복제되어 알테어 사용자들과 컴퓨터 마니아들 사이에 빠르게 퍼져나갔다. 기업들은 빌과 폴이 개발한 그 프로그램을 기반으로 프로그램을 수정하고 발전시켜 시장에 내놓았다. 빌 게이츠는 마음이 더욱 급해졌다. 학교에 머물러 있는 하루하루가 아까웠다. 1초라도 빨리 자신의 사업을 시작하고 싶은 생각뿐이었다.

수도 없이 고민하다가 그는 마침내 하버드를 자퇴하기로 결심했다.

"PC혁명이라는 기회는 인생에서 흔하게 오지 않죠. 무조건 잡아야겠다고 생각했습니다."

그는 모든 사람이 일상적으로 컴퓨터를 사용할 수 있도록 하겠다는 어린 시절의 꿈을 이루기로 마음먹었다. 이 결정에 대해 그는 이렇게 말했다.

"소프트웨어의 시대가 왔다는 것을 확신할 수 있었어요. 칩도 마찬가지고요. 하버드엔 나중에 다시 와서 공부해도 되지만, 사업 기회는 지금 놓치면 영원히 붙잡을 수 없을 것 같았어요."

빌 게이츠는 자신의 결정을 부모님께 말씀드렸다. 부모님은 일단 졸업장은 있어야 창업에 실패해도 다른 일을 할 수 있지 않겠느냐며 아들의 결정을 만류했다. 부모님은 아들의 마음을 돌리기 위해 컴퓨터 업계에서 일하고 있는 베테랑 선배를 집으로 초대하기도 했다. 그런데 그 선배가 오히려 빌 게이츠의 신념과 이상에 마음을 뺏기고 말았다. 그는 빌 게이츠의 부모님에게 아들의 창업을 독려해주는 편이 나을 것 같다고 말했다.

빌 게이츠는 당시의 일에 대해 이렇게 말했다.

"자식이 명문대를 때려치우고 듣도 보도 못한 기계를 위해 회사를 차린다고 하니, 부모님으로서는 당연히 마음이 편치 않으셨겠죠. 물론 제 의지가 워낙 강해서 두 분이 마음을 접을 수밖에 없었지만요."

빌 게이츠는 1975년 7월에 정식으로 하버드 대학 중퇴 수속을 밟고, 앨런과 함께 뉴멕시코로 가서 마이크로소프트를 설립했다.

그때 그의 나이는 갓 스무 살, 하버드 2학년 때의 일이었다.

당시에 그는 지금 당장 기회를 잡지 않으면 다시는 소프트웨어 업계에 진입할 수 없을 것이라는 생각이 들었다고 한다.

자신의 결정을 밀고 나가다

빌 게이츠는 하버드를 중퇴하고 창업을 하기로 한 자신의 선택을 믿고 그대로 밀고 나갔다.

일단 목표를 정하고 나면 함부로 바꾸거나 포기하지 않고 바로 실행할 수 있어야 한다. 어떤 결정을 하든지 위험은 따르게 마련이다. 위험이 전혀 없다면 그것은 평범하고 무익한 결정을 할 때뿐이다. 위험을 감수하는 결정을 해야 할 때에는 최대한 심사숙고하고, 자신의 신념에 굳게 의지해야 한다. 그런 결정을 해야 하는 이유와 신념이 확고하지 않으면 그 결정을 지속할 수가 없다.

미국의 교육가 헬렌 켈러는 "삶은 대담한 모험이 아니면 아무것도 아니다"라고 말했다. 위험을 감수하면서 내린 결정을 끝까지 밀고 나가기 위해서는 상당한 지혜와 용기, 그리고 내적 수양이 필요하다. 그보다 더 중요한 것은 '신념의 기초'를 확인하는 일이다. 결정을 바꾸지 않고 밀고 나가 실행하기 위해서는 자기만의 신념이 있어야 한다. "행동에 의심이 있으면 성취하기 어렵고, 일에 머뭇거림이 있으면 공적을 쌓을 수 없다"

(『상군서』「경법」)라는 말이 있듯이, 손을 써야 할 땐 과감히 손을 쓰고 손을 썼으면 돌아서서 후회하지 말아야 한다.

빌 게이츠는 "내 평생의 관심사는 오로지 인공지능을 개발해서 상용화에 성공하는 것이었다. 언젠가 창업을 한다면 반드시 컴퓨터와 관련된 분야에서 일하고 싶었다. 하버드를 중퇴한 것도 세계 최초의 컴퓨터 소프트웨어 회사를 만들고 싶다는 꿈을 더는 미루고 싶지 않았기 때문이다"라고 말했다.

이렇게 마음을 정한 그는 곧바로 영업과 조직관리, 상법 등에 대해 미친 듯이 공부하기 시작했다. 회사를 경영하기 위해서는 컴퓨터 기술 외에도 영업과 조직관리 전반에 대한 지식도 필요했기 때문이다.

사실 그는 하버드를 중퇴한 뒤에도 수많은 어려움에 직면해야 했다. 자신이 개발한 소프트웨어를 들고 IBM을 찾아가 합작을 제안했을 때, IBM은 젊은 대학생이 만들어온 프로그램 따위는 거들떠보지도 않았다. 하지만 그는 자신의 손으로 소프트웨어 왕국을 건설하겠다는 야심을 포기하지 않았다. 1978년부터 1984년까지 그가 쉰 날은 모두 합쳐 고작 15일밖에 되지 않았다고 한다. 그는 자신의 신념에 따른 결정을 고집스럽게 밀고 나감으로써 마침내 세계 소프트웨어 업계의 거두가 되었다.

의연함으로 꿈을 이루다

신념에 따른 결정을 밀고 나갈 수 있는 힘은 심리적 의연함에서 나온다. 의연함을 이루는 요소는 네 가지다.

- 명확한 목표 : 흔들림 없는 목표는 의연한 마음을 갖추는 데 필요한 중요 조건이다. 목표를 이루고자 하는 강렬한 동기가 있어야 수많은 난관을 뚫고 앞으로 나아갈 수 있기 때문이다.
- 성공하고자 하는 열망 : 성공을 추구하는 마음이 강렬할 때, 굳은 집념으로 어떤 대가도 감수할 수 있다.
- 자신에 대한 믿음 : 자신의 이상과 목표를 실현할 수 있다는 믿음이 있으면 구체적인 행동 하나하나에 힘이 실리게 된다.
- 굳은 의지 : 하고자 하는 일에 최선을 다하는 습관에서 굳은 의지가 길러진다.

이 네 가지가 심리학에서 말하는 의연함의 조건이다. 의연한 사람은 변화 속에서도 믿음을 갖고 전환의 기회를 찾는다. 반대로 마음이 의연하지 못한 사람은 중대한 변화가 일어날 때마다 위협감을 느끼고 무력해진다. 빌 게이츠는 중고등학교 시절에 이미 이런 의연함을 갖추고 있었다.

그는 학창 시절 자신의 친구였던 칼 에드몬드Karl Edmond에게 이런 말을 한 적이 있었다.

"초원의 풀이 되느니 언덕에서 자라는 상수리나무가 되는 편이 나아. 풀은 천편일률적이지만 상수리나무는 하늘 높이 솟을 수 있잖아?"

한번은 여름방학 때 어린이 군사훈련에 참가하여 80킬로미터의 도보행군을 하게 되었다. 빌 게이츠는 굽이 높은 장화 때문에 행군 이틀 만에 발뒤꿈치가 까지고 피까지 났다. 친구들은 그 상태로 행군은 무리라고 말했지만, 빌 게이츠는 끝까지 행군을 고집했다. 행군 도중 쉬는 시간에 참가자들의 건강상태를 점검하다 빌 게이츠의 발이 심하게 부르튼 것이 드러났다. 담당 교관은 행군을 중단시키고 빌 게이츠의 부모님께 그 사실을 알렸다. 시애틀에서 날아온 빌 게이츠의 어머니는 왜 이 지경이 되도록 행군을 계속했느냐며 아들을 붙잡고 울었다. 그러나 빌 게이츠는 오히려 "전 목적지까지 가지 못한 것이 더 아쉬워요"라고 말했다고 한다. 나중에 그는 일기에 이렇게 썼다.

'삶이란 약속의 연속이다. 나 자신과의, 다른 사람과의, 세상과의 약속을 지키는 것보다 더 위대한 일은 없다.'

어떤 일이든 반드시 이루고자 하고, 누구에게도 지지 않으려 하는 이런 근성은 그 나이 또래에서는 찾아보기 힘든 것이다.

빌 게이츠는 마이크로소프트의 CEO가 된 후에도 모험 본능과 승부근성을 간직하고 있었다. 그의 의연한 태도는 동료들 눈에도 감탄스러울 때가 많았다. 그가 서른 번째 생일을 맞이했을 때였다. 회사에서는 실내체육관 스케이트장에서 성대한 파티를 준비했는데, 사람들이 잘 차려입고 춤을 추고 있는 동안 빌 게이츠는 스케이트 복장으로 갈아입고 한바탕 스케이트를 즐겼다고 한다.

또 한번은 설원 한가운데서 동료의 결혼식이 열렸는데, 빌 게이츠는 자신의 의지력을 시험하기라도 하듯 영하 30도인 알래스카에서 43킬로미터를 달려 결혼식장까지 왔다고 한다. 행글라이딩 훈련을 받던 때의 이야기도 유명하다. 빌 게이츠가 훈련 첫날부터 사구에 빠지자, 교관은 다음 날부터 조심하라고 신신당부를 했다. 그러나 세 번째 훈련을 받던 날, 빌 게이츠는 자신의 한계에 도전하고 싶은 마음에 바람을 타고 최대한 높이

날다가 수백 마일 떨어진 관목 숲에 고꾸라지고 말았다.

이런 일화들은 그의 성공이 우연이 아니며, 하버드 중퇴 역시 일시적 충동에 따른 결정이 아니었음을 보여준다. 몇 년 후 빌 게이츠는 "나중에 보니 내가 어린 시절에 꿈꾸었던 일을 거의 다 이루었다는 사실을 발견하게 되었다. 나로서는 너무나 놀랍고 흥미진진한 시간이었다"라고 말했다.

이렇듯 그가 꿈꾸었던 일을 이룰 수 있었던 것은 포기하지 않는 강한 의지와 자신에 대한 믿음이 있었기 때문이다.

예문 빌 게이츠와 두 가지가 달랐던 일본 청년

1978년, 니시 가즈히코西和彦라는 일본 청년이 마이크로소프트에 전화를 걸어왔다. 그는 빌 게이츠에게 베이직BASIC이라는 소프트웨어를 개발하게 된 배경을 직접 듣고 싶다며, 빌 게이츠를 일본으로 초청했다. 전화를 받은 빌 게이츠는 이 청년이 자기와 많이 닮았다는 생각이 들었다. 청년은 당시 스물두 살로 도쿄에 있는 명문 와세다 대학에 다니고 있었다. 청년의 부모님은 청년이 학업을 마치고 자신들이 운영하고 있는 사립학교 운영을 맡아주기를 바라고 있었다. 그러나 청년은 빌 게이츠처럼 컴퓨터에 매료되어 있었고, 학업보다는 어떻게든 자신의 회사를 차리고 싶은 생각밖에 없었다.

두 사람은 처음 만나는 순간 한눈에 서로를 알아보았다. 두 사람은 특히 컴퓨터 발전사에 대한 생각이 놀라우리만치 일치했다. 그들은 가까운 미래에 개인용 컴퓨터PC가 텔레비전이나 비디오플레이어처럼 모든 가정의 일상생활에 파고들게 될 것이라고 예상했다. 그렇다면 컴퓨터 소프트웨어 수요도 폭발적으로 늘 것이었다. 나중에 두 사람은 1억 5,000만 달러 상당의 계약을 체결하기도 했다.

두 사람은 다양한 합작을 통해 최신형 마이크로컴퓨터와 세계 최초의 휴대용 컴퓨터를 출시했다. 니시는 순식간에 일본 전역은 물론 세계적으로 유명한 사업가로 부상했다.

그런데 니시는 사업이 성공하자 출장 갈 때 전용기를 이용하고 가장 호화로운 호텔에 투숙하는 등 사치스러운 생활을 하기 시작했다. 회사 안에서 중요한 회의를 할 때, 바닥에 드러누워 잠을 자는 비상식적인 행동도 서슴지 않았다. 마이크로소프트사는 주식 상장을 앞두고 빌 게이츠와의 우정을 고려해서 니시에게 상당량의 회사 주식을 주기로 결정했다. 단, 니시에게 마이크로소프트사의 직원으로서 처신해줄 것을 요구했다. 자사 경영자와의 친분 때문에 회사 주식을 주는 굉장한 호의를 베풀었음에도 불구하고, 니시는 자기를 빌 게이츠의 부하로 삼겠다는 뜻이 아니냐며 마이크로소프트의 호의를 거절했다.

두 사람의 8년 우정은 그렇게 막을 내렸다. 니시는 마이크로소프트로부터 50만 달러를 빌린 적이 있었는데, 마이크로소프트에서는 그 돈도 돌려받지 않았다. 오히려 그가 다른 사람들에게 빌린 돈을 갚으라는 뜻으로 그에게 상당량의 자금을 더 빌려주기까지 했다. 니시와의 관계에 대해 빌 게이츠는 훗날 이렇게 말했다.

"그는 나와 여러 가지로 비슷한 사람이었다. 하지만 그는 생활이 엉망이었고 빚도 많았다. 그 두 가지가 나와 가장 다른 면이었다."

뷔리당의 역설

14세기 프랑스 철학자였던 뷔리당은 자유에 관한 문제를 논하면서 다음과 같은 상황을 제시한 바 있다.

"굶주린 당나귀 앞에 똑같은 건초더미가 둘 놓여 있다. 당나귀는 어느 쪽 건초를 먹어야 할지 몰라 망설이다가 끝내 굶어죽고 말았다."

바로 여기서 '뷔리당의 역설'이라는 말이 생겨났다. 흔히 우유부단하여 아무런 결정도 내리지 못하는 상황을 '뷔리당의 역설' 혹은 '뷔리당의 당나귀', '뷔리당의 선택', '뷔리당의 곤경'이라고 부른다.

좀 더 이상적인 결정을 내리기 위해 사람들은 흔히 '다시 생각해보고 결정하겠다'라고 마음먹지만, 그 이상적인 결정은 좀처럼 현실화되기 어렵다. 이쪽에서 모든 상황을 다시 점검하는 동안 경쟁자들도 그에 못지않게 대비하고 실행하기 때문이다. 유예가 길어질수록 '대승'을 거둘 기회로부터 더욱 멀어지므로 일단 큰 방향을 정했으면 그다음에는 전력질주하는 것이 옳다. 그래야 그 결정이 탁월한 성취로 이어질 수도 있기 때문이다.

새로운 방향으로 전력질주를 해보기 전까지는 누구도 그 방향이 맞는지 확인할 수 없다. 기회는 과감히 결정할 줄 아는 사람에게 돌아간다. 경우에 따라 '도박'에 가까운 결정을 내려야 할 때도 있는데, 기업의 의사결정 책임자라면 아무래도 부담스러울 수밖에 없는 상황이다. 이때 가장 두려워해야 할 것은 '천상첩지 淺嘗輒止'와 사면출격 四面出击 이다. '천상첩지'는 조금 해보고 그만두는 태도다. 이제 곧 물이 나올 시점에서 우물파기를 포기한다면 영원히 물을 얻을 수 없을 것이다. '사면출격'은 유한한 자원을 분산시켜 미래의 성장동력을 탕진해버리는 것을 가리킨다. 도박에 가까운 결정은 대개 막대한 승리 아니면 처참한 패배로 돌아온다. 이런 경우 결정을 망설이는 시간이 길어질수록 치러야 할 대가도 더욱 커진다. 인텔의 창업자인 앤드루 그로브Andrew S. Grove는 인텔의 구조개혁을 단행하면서 이렇게 말했다.

"길을 잘못 들어섰다가는 자칫 사망할 수도 있다. 그러나 많은 기업들이 사망하는 이유는 길을 잘못 택해서가 아니다. 의사결정이 늦어지는 과정에서 귀중한 자원을 낭비하고 전망을 그르치기 때문이다. 세상에서 가장 위험한 선택은 제자리에서 움직이지 않는 것이다."

설령 틀린 선택이라도 선택을 하지 않아서 치르게 될 대가보다는 덜 위험하다. 아무런 선택도 하지 않는 것은 아주 서서히 자살을 하는 것과 같다. 불필요한 유예로 자원이 소모될수록 기업의 여건은 열악해져서 결국 선택의 폭마저 좁아져버리고 만다. 물론 선택의 폭이 넓다고 좋은 것만은 아니다. 선택의 길이 다양하게 열린 기업은 '여기가 아니면 저기로 가면 된다'라고 생각하기 쉬운데, 그럴수록 특정 영역에서 제대로 된 성취를 거둘 가능성은 오히려 줄어들 수 있다.

제**9**장

리자청 :
네 번의 이직으로
새로운 기회를
만든 의지의 사업가

리자청(李嘉誠, 홍콩 이름은 리카싱, 1928~)[22]은 침착하고 신중한 성격으로 보이지만, 끊임없이 자기 자신을 뛰어넘어온 의지의 사업가다. 그는 청년 시절 여러 번 직업을 바꾸었는데, 그 과정에서 매번 도전을 받아들이고 새로운 기회를 만듦으로써 홍콩 비즈니스계의 최고 거물이 되었다. 그는 젊은 나이에 어떻게 후회 없는 결정을 내릴 수 있었을까?

먼저 리자청이 직업을 네 번이나 바꾼 사연을 살펴보자.

---

22 - 광둥성 차오안潮安 출신의 기업가로, 홍콩 청쿵실업 회장이며 아시아 최고 거부. 리차오런李超人이 라고도 불린다.

찻집 직원에서 시계수리공으로

리자청이 열한 살 되던 해, 일본군이 그의 고향 산터우汕頭까지 쳐들어왔다. 피난길에 오른 그의 가족은 갖은 고생 끝에 홍콩에 도착했지만, 이듬해에 그만 아버지가 세상을 떠났다. 이때 그의 나이는 열다섯. 리자청은 어머니와 동생들을 부양하기 위해 학업을 중단하고 돈을 벌기 시작했다. 맨 처음 한 일은 춘밍春茗이라는 찻집에서 차를 우려내는 아르바이트였다.

그곳의 근로규정에 따르면 찻물을 담당하는 직원은 새벽 5시에 일어나 매일 열다섯 시간 이상 일해야 했다. 열다섯 살의 소년에게는 보통 고단한 일이 아니었다. "사흘 동안 내리 잠을 자보는 게 소원이었다"라고 말할 정도로 힘든 시간이었음에도 리자청은 하루도 거르지 않고 성실하게 일했다.

그렇게 1년쯤 지나자 찻집 사장이 그의 성실함을 눈여겨보게 되었다. 사장은 그의 임금을 올려주고 홀서빙을 하게 해주었다. 정기적으로 쉬는 날도 생겼다. 모든 직원이 그 소년을 맘에 들어 할 때, 리자청은 뜻밖에도 일을 그만두겠다고 말했다. 찻집 아르바이트로는 장기적인 비전이 없었기 때문이다.

시계수리공에서 영업점 직원으로

리자청은 찻집 아르바이트를 그만두고 외숙부가 경영하는 시계 제조회사에 들어갔다. 1940년대의 시계산업은 지금의 IT와 비슷한, 신흥 하이테크 업종이었다. 리자청은 이 분야라면 발전 가능성이 있겠다고 판단했다. 더욱이 외숙부가 운영하는 장정암확庄靜庵擴은 홍콩 시계업계에서 가장 유명한 업체였다.

리자청은 그저 외숙부의 보살핌을 받으며 지내고 싶지 않았다. 그는 시계 제조업계 전반에 대해 공부하기 시작했다. 청소년 시절부터 가게 바닥을 쓸고 찻물을 끓이는 등 잡일을 꾸준히 해왔기 때문에 그는 누구보다도 잘 배우고 일손도 빨랐다. 공장 직원들은 아무도 리자청이 사장의 조카라는 사실을 알지 못했다. 다들 '근면성실한 신참' 정도로 생각했다. 동료들의 눈에 비친 리자청은 "상대의 눈빛만 보고도 그가 무엇을 원하는지 눈치채고 도와주려 하는" 사람이었다. 시간 나는 대로 장인으로부터 기술도 익혔다. 워낙 명민하고 손재주가 좋아서 반년 만에 여러 기종의 시계를 직접 수리하고 조립할 수 있게 되었다. 외숙부도 그런 조카를 뿌듯해했지만, 다른 직원들 앞에서 대놓고 칭찬하지는 않았다. 리자청은 그곳에서 열심히 배우고 일하면서도 시계 제조업이 자신의 유일한 선택지로 여기지는 않았다. 그는 발전 가능성이 더 큰 다른 세계를 엿보고 있었다.

1945년 8월, 일본이 항복 선언을 하면서 전쟁이 끝났다. 일제 통치가 막을 내리자 홍콩 경제도 날개를 펴기 시작했다. 장정암확은 대대적인 인사조정을 단행했다. 리자청은 시계 대리점 점원으로 승진했다. 이런 식으로 계속 발전해나간다면 머지않아 점장으로 승진하고, 훗날 외숙부의 사업도 이어받을 수 있었다.

그런데 바로 그때, 리자청은 느닷없이 일을 그만두겠다고 말했다. 외숙부는 그의 선택을 이해할 수 없었다. 한 번도 대놓고 칭찬한 적은 없지만 평소 그의 일솜씨를 보면서 장차 회사 경영을 맡길 생각까지 하고 있었기 때문이다. 리자청이 회사를 떠난 뒤 그의 외숙부는 꽤 오랫동안 힘들어했다. 훗날 그는 리자청에 대해 "아버지를 일찍 여의어서 그런지 생각이며 행동이 무척 어른스러운 아이였다"라고 회상했다.

철문 영업에서 플라스틱 영업으로

———————— ❧ ————————

리자청은 시계 대리점 점원 일을 그만두고 어느 이름 없는 금속 제조공장에 들어갔다. 이때 그의 나이 열일곱 살이었다.

리자청은 수줍음이 많고 내성적이어서 사람들과 잘 어울리기 힘든 성격이었다. 그러나 그의 장점은 성실하다는 것이었다. 그의 성실성은 얼굴과 행동에서 고스란히 드러났다.

오금五金은 금, 은, 동, 철, 주석처럼 실생활에 흔히 쓰이는 금속 원자재로, 철물잡화점 등이 주 고객이었다. 영업 분야에서는 일단 상대가 고객이 되겠다 싶으면 너도나도 거래를 트려고 몰려드는 바람에 경쟁이 치열했는데, 리자청은 '돌아서 가는' 방법으로 고객과 거래했다. 그는 주로 낮에 집에 있는 주부들을 찾아다니며 영업을 했다. 그들 중 한 명에게 물건을 파는 데 성공하면 그다음부터는 매출을 올리기가 어렵지 않았다. 주부들이 모여 수다를 떨면서 자연스럽게 홍보가 되었기 때문이다.

금속공장은 리자청이 들어온 뒤 생산과 매출이 늘기 시작했다. 공장 사장은 다른 직원들 앞에서 리자청을 영업의 일등공신이라고 칭찬하면서 월급도 많이 올려주었다. 그렇게 모든 일이 순탄하게 흘러가고 있을 무렵, 리자청은 또다시 마음 한구석이 흔들리고 있었다.

사장의 두터운 신임을 받고 있던 리자청은 사직하기로 결심했다. 사장은 월급을 더 올려주겠다며 리자청을 붙잡았지만, 그는 한번 내린 결정을 번복하는 사람이 아니었다. 그는 다시 플라스틱 산업에 뛰어들기로 마음먹었다.

그동안 그는 철물 영업을 해오면서 플라스틱 산업이 얼마나 위협적으로 성장하고 있는지 실감할 수 있었다. 최초의 플라스틱 제품은 주로 부유층이 소비하는 사치품이 전부였지만, 수입품이 늘면서 가격이 안정되기 시작하더니 홍콩에서 자체 생산이 이루어지자 가격이 더욱 떨어졌다. 리자청은 머지않아 플라스틱이 저렴한 대중 소비품목으로 자리 잡을 것이라고 확신했다. 이 흐름에 뛰어든다면 막대한 부를 쌓을 수 있을 거라는 생각이 들었다!

리자청은 철물 영업을 하던 시절 플라스틱 공장을 운영하는 한 사업가를 알게 되었다. 그 사업가는 근래에 철제 통이 잘 안 팔리는 이유가 리자청의 영업능력이 부족해서가 아니라 철제 통이 새로운 소비 트렌드에 맞지 않기 때문이라고 일러주었다. 리자청의 영업능력을 높이 사고 있었던 그 사업가는 리자청에게 자신의 회사에 들어와 일해보지 않겠느냐고 제안했다. 리자청이 "지금 있는 곳의 사장님이 저를 많이 신임하고 계십니다"라며 거절하자, 그 사업가가 말했다.

"더 늦기 전에 그쪽 업계에서 발을 빼는 편이 좋을 걸세. 자네 인생을 금속공장에서 썩힐 셈인가? 지금 돌아가는 세상을 보게. 오금은 전망이 밝은 시장이 아니야."

전망이 없는 업계에서 인생을 낭비하는 것은 리자청이 가장 바라지 않는 미래였다. 그는 결국 철물 영업을 그만두고 플라스틱 영업에 뛰어들었다. 플라스틱 공장에는 모두 일곱 명의 영업사원이 있었는데, 그중 리자청이 가장 어리고 경력도 짧았다. 다른 여섯 명은 경험도 많고 관리하는 고객도 상당히 많은 고참들이었다.

"남들이 여덟시간 일할 때 나는 열여섯 시간 일했다. 당시에는 열심히 일하는 것 외에 내가 그들을 따라잡을 수 있는 방법이 아무것도 없었다."

박학다식하면서도 성실하고 사람들에게 진심을 다하는 리자청의 모습에 그와 친구가 되고 싶어 하는 이들이 늘어났다. 리자청은 그 친구들 덕분에 더욱 수월하게 영업을 할 수 있었다. 1년이 지나자 리자청은 일곱 명의 영업사원 가운데 실적이 가장 좋은 직원이 되어 있었다. 그러던 어느 날, 재무정리를 하던 사장은 입이 쩍 벌어지고 말았다. 리자청의 영업 실적이 2위인 직원의 일곱 배나 되었기 때문이다.

마침내 자신의 물길을 열다

———————— ❧ ————————

그때 리자청은 또다시 회사를 그만둘 결심을 했다. 독립해서 자신만의 꿈을 키우고 싶었기 때문이다.

리자청은 영업능력뿐 아니라 플라스틱 공장에서 쌓은 관리 경험도 풍부했다. 그는 플라스틱 회사에서 일하던 시절에 대해 이렇게 말했다.

"영업직원으로 일하면서 정말 많은 것을 보고 배울 수 있었다. 10억, 100억을 준다고 해도 살 수 없는 값진 경험이었다."

리자청이 마련한 창업자금은 홍콩 달러로 5만 달러 정도였다. 아르바이트를 하던 시절에는 당연히 버는 돈이 많지 않았고, 그 후 영업을 하면서 수입이 늘어나긴 했지만 늘 검소한 생활을 했다. 언제나 저렴한 식당에서 밥을 먹었고, 고가의 의류 브랜드는 쳐다보지도 않았다. 창업자금 5만 달러 중 일부는 친구에게서 빌린 돈이었다. 평소 쌓아온 신뢰 덕분에 그 친구는 담보도 없이 돈을 빌려주었다.

리자청은 자신이 세운 플라스틱 공장에 좋은 이름을 짓고 싶었다. 그는 여러 개의 이름을 놓고 고민하다가 '청쿵長江'이라는 이름을 골랐다. '장강은 모든 물을 받아들이기에 만 리까지 흘러간다'는 시구에서 따온 것이었다. 장강의 원류는 보잘것없는 물줄기이지만, 여러 지류를 받아들이면서 수량이 풍부해지고 물살도 세어진다. 그는 훗날 청쿵 플라스틱도 이와 같이 발전에 발전을 거듭하기를 바랐다. 시작은 미약하나 그 끝은 창대하리라. 그것이 리자청의 원대한 포부였다.

1950년 여름, 리자청은 홍콩의 샤우케이완筲箕灣에 청쿵 플라스틱 공장을 세웠다. 그의 나이 겨우 스물두 살 때의 일이었다.

그 후 57년 동안 청쿵 그룹은 플라스틱 제조, 부동산, 전력, 텔레콤 등 400여 개의 계열사를 거느린 거대 기업으로 성장했다.

158

안정 속에서 변화를 구하고, 후회하지 않을 선택을 하라

순자는 "세상에는 후회하지 않는 것만큼 대단한 일이 없다. 그러므로 후회하지 않을 정도면 됐지, 반드시 성공하려고 할 필요는 없다"[23]라고 말했다.

사람은 어떤 일을 하고 나서 그것을 돌이켜보았을 때 가슴에 후회가 남지 않아야 한다. 어떤 결정이든 그것을 믿고 밀고 나가야만 의외의 좋은 결과도 얻을 수 있다.

리자청은 1955년 처음으로 사업 확장을 추진하면서 중형 공장을 세웠다. 몇 달치 선주문을 받고, 새 기계를 들였으며, 폐쇄된 인근 공장의 작업장을 빌리는 등 만반의 준비도 갖추었다.

그때 그 폐쇄 공장에서 일했던 한 직원이 리자청에게 말했다.

"리 선생처럼 예의바르고 성실한 사람은 처음 봐서 하는 말이지만, 이 부근은 풍수가 좋지 않다오. 예전 사업가들도 줄줄이 도산을 하고 도망갔소. 리 선생은 나이도 젊으니 이런 데서 인생 낭비하지 마시구려."

그러자 리자청이 말했다.

"말씀은 감사합니다만, 몇 달치 선주문을 받았고 기계도 이미 들여온 터라 공장을 가동 안 할 수가 없습니다. 풍수도 중요하지만 거래하는 사람과의 신뢰도 저버릴 수 없죠. 저는 성심껏 제 소임을 다할 테니 너무 염

---

23 - 『순자』 「의병」.

려 마십시오. 저희는 반드시 성공할 겁니다."

공장에서 일하는 직원들은 리자청의 이와 같은 근면성실함에 감화되어 너도나도 놀라운 생산성을 발휘했다. 공장은 한 달 만에 그해 필요한 경영 비용을 모두 벌어들였고, 1년 뒤에는 근처에 있는 다른 폐쇄 공장 두 곳을 더 빌려 가동했다. 풍수만 믿고 이제나저제나 리자청의 실패 소식을 기다리고 있던 사람들이 하나둘 돌아와 공장을 다시 열었다. 그런데 신기하게도 그들은 또다시 지지부진을 면치 못하다 결국 공장을 떠났다.

이에 대해 리자청은 이렇게 말했다.

"풍수란 그렇다고 믿으면 그렇게 보이는 것이지요. 일은 사람 하기에 달린 것입니다. 누구든 믿음과 성의로 자신의 소임을 다하면 불가능하다고 여겼던 일도 가능한 일로 만들 수 있습니다."

풍수를 이기는 것이 인간의 신념이다.

리자청은 모든 일이 순탄하게 돌아갈 때 과감히 그 일을 그만두고 새로운 모험에 뛰어드는 선택을 해왔다. 그때마다 후회 없는 결정을 내릴 수 있었던 것은 심사숙고하는 시간이 있었기 때문이다. 그가 네 번의 이직을 결정하기까지의 과정을 살펴보자(표 9-1).

리자청은 모든 상황이 순탄할 때 그 일을 그만두었다. 사람들은 그런 결정을 납득하기 힘들어했지만, 그는 보다 발전 가능성이 높은 세계에서 일하고 싶었기 때문에 그런 결정에 후회가 없었다. 이런 이직 동기는 나중에 창업 동기로 이어졌다. 어린 시절부터 갖은 고생을 하며 쉴 틈도 없이 일해왔던 그는 언제나 '자신만의 사업을 하는 것'이 꿈이었다. 여러 번에 걸친 이직을 통해 그는 낯선 분야의 일을 배우고, 경험을 쌓고, 실질적인 여건을 갖추었다. 그 결과 자신의 꿈을 이룰 수 있었다.

〈표 9-1〉 리자청이 네 번의 이직을 결정하기까지의 과정

	내용	이전 상태	위험	결정에 대한 분석
첫 번째 이직	찻집 아르바이트에서 시계수리공으로	찻집 일이 숙련되어 사장의 신임을 받았으며, 일도 할 만하고 안정적이었다.	시계 수리는 높은 기술을 요구하는 일이었기에 숙련되기까지 오랜 노력과 적응이 필요했다.	찻집에서 해온 일은 새로운 환경에 적응해야 한다는 취업의 기본 도리를 깨닫는 과정이었다.
두 번째 이직	시계수리공에서 판매 대리점 직원으로	시계 조립과 수리에 능숙해졌고, 임금도 크게 올랐다. 사장의 신임 덕에 장차 사업체를 물려받을 가능성도 있었다.	영업은 수리나 조립에 비해 고단하고 수입도 불안정했다. 무엇보다 업계의 전망이 밝지 않았다.	시계 수리 기술을 배우면서 시계의 작동 원리를 익힐 수 있었고, 시계 영업을 하면서 영업에 관한 전반적인 능력을 키울 수 있었다.
세 번째 이직	금속 영업에서 플라스틱 영업으로	영업 능력이 크게 향상되어 월급도 많아졌고, 사장의 두터운 신임을 받고 있었다.	새로운 시장을 개척하는 일인데다 이미 업계에는 우수한 인재들이 몰려 경쟁이 치열했다.	발전 가능성이 큰 새로운 업계에서 그간 쌓아온 영업능력을 활용, 새로운 입지를 개척했다.
네 번째 이직	창업	영업 실적도 좋았고, 발전 가능성이 높은 업계에서 순조롭게 일하고 있었다.	창업자금이 넉넉하지 않았고, 업계의 경쟁도 치열했다. 그렇다고 누군가에게 도움을 받거나 기댈 수도 없는 상황이었다.	주문, 설비, 공장 등 제반 여건을 모두 갖추고, 자신이 하고자 했던 일을 실현할 수 있었다.

　리자청이 선택한 '변화'는 안정된 기반 위에서 차근차근 준비하고 맞이하는 식이었다. 그가 변화에 성공할 수 있었던 것은 변화하고자 하는 동기가 확실했을 뿐만 아니라 사전에 모든 가능성을 염두에 두고 숙고하는 시간이 있었기 때문이다. 그렇게 후회도 원망도 없이 청춘을 보낸 리자청은 자신의 미래에 대해 더 큰 확신을 가질 수 있었다.

리자청의 수영 철학

리자청이 삶을 대하는 태도는 '성실, 근면, 신중'으로 요약할 수 있다. 위험을 감수해야 하는 상황에서 후회 없는 결정을 내리기 위해서는 무엇이 필요할까? 리자청에게는 독특한 '수영 철학'이 있었다.

그는 기업의 경쟁에 대해 이렇게 말한 적이 있다.

"어떤 일을 하고자 할 때에는 100퍼센트 이상의 능력을 발휘할 수 있다는 확신이 있어야 한다. 함부로 도박을 할 것이 아니라 자신이 확실히 장악하고 있는 분야의 일에 도전해야 한다. 수영과 비슷하다. 내가 저기까지 가고 싶다면 거기까지 가는 데 필요한 수영 실력만 있어서는 안 된다. 거기서 다시 돌아올 능력도 있어야 한다. 수영을 하기에 앞서 사전 훈련을 충분히 받고, 필요한 시간과 거리를 정확히 계산한 뒤 물에 뛰어들어야 한다."

부동산 시장과 주식 시장에 투자할 때도 마찬가지였다.

"나는 당장 부동산 경기가 좋다고 건물을 마구 사들이지 않는다. 하나 사고, 하나 팔면서 이익을 얻으려 하지도 않는다. 부동산 투자를 할 때는 부동산 공급 상황에서부터 사람들의 소득과 지출, 세계 경제 전망에 이르기까지 언제나 전체 국면을 보고 판단한다. 홍콩 경제는 홍콩 정치의 영향도 받고 세계 경제의 영향도 받는다. 그러므로 큰일을 결정할 때는 반드시 관련 업계에 있는 사람과 상의한 뒤 모든 문제를 신중하게 검토해야 한다. 그건 다음 일단 결정을 내렸으면 그 결정을 쉽게 바꾸지 말아야 한다."

"나는 모든 결정의 99.9퍼센트를 이런 식으로 한다. 오늘은 빌딩을 짓고 싶다가 내일은 호텔을, 모레는 주택을 지어야겠다고 생각하지 않는다. 검토 기간에는 모든 잠재적인 문제를 검토하되 결정을 내린 뒤에는 특별한 상황이 발생하지 않는 한 무조건 계획대로 일을 진행시킨다."

이것이 바로 '후회하지 않을 결정'을 내리는 데 필요한 원칙이자 리자청이 안정적으로 사업을 발전시킬 수 있었던 이유다.

예문 성취동기란 무엇인가

성취동기 이론은 하버드 대학 교수인 데이비드 맥클랜드David C. McClelland 의 인간 욕구와 동기에 관한 연구에서 비롯되었다. 맥클랜드는 인간의 욕구 가운데 성취, 권력, 친밀성에 관한 욕구를 높은 차원의 욕구로 분류하면서, 그중 성취욕구에 대해 깊이 연구했다.

성취욕구Need for Achievement란 무언가를 잘하고자 하는 욕구, 성공을 쟁취하고자 하는 욕구를 가리킨다.

성취욕구가 강한 사람은 일의 효율을 높이고, 완벽성을 추구하며, 더 큰 성공을 얻고자 한다. 그들은 성공을 추구하는 과정에서 난관을 극복하고, 문제를 해결하고자 하며, 치열한 노력 자체를 즐기고, 성공 이후의 성취감을 열망한다. 그러나 그 대가로 주어지는 물질적 보상은 중요하게 여기지 않는다. 한 개인의 성취욕구는 그가 속한 집단의 경제, 사회, 문화, 정치의 발전 수준과 밀접한 관련이 있다. 그래서 그 사회의 지배적인 분위기 때문에 개인의 성취욕구가 제약을 받기도 한다.

맥클랜드는 성취욕구가 높은 사람에게는 세 가지 특징이 있다고 말한다.

(1) 성취욕구가 높은 사람은 너무 쉽거나 너무 어려운 일은 좋아하지 않

는다. 자신이 도전할 수 있는 목표를 설정하고, 운에 기대어 성공하려 하지 않는다. 목적 없이 어슬렁거리는 활동은 좋아하지 않으며, 언제나 하고자 하는 바가 뚜렷하다. 그들은 상사와 같은 타인에 의해 설정된 목표에 따르는 것을 좋아하지 않기 때문에 자신의 목표는 자신이 선택하려는 경향이 강하다. 그들이 원해서 가르침을 청한 경우가 아니라면 누군가가 먼저 나서서 충고하거나 도와주는 것을 좋아하지 않는다. 승리하면 그에 따른 명예를 요구하고, 패배하면 응분의 책임을 진다.

(2) 성취욕구가 높은 사람은 목표를 선택할 때 지나치게 달성하기 어려운 목표는 피하는 경향이 있다. 너무 쉽거나 어려운 목표는 성취감을 느끼기 어렵고 많은 것을 운에 기대야 하기 때문에 중간 정도의 목표를 선호한다. 처음 시도한 일에서 성공을 거두면 다음번에는 그보다 조금 높은 목표, 즉 조금 더 어렵고 도전적인 목표를 택한다. 그들은 승패의 가능성이 반반인 일에서 성공을 거두었을 때 가장 큰 희열과 만족을 느낀다.

(3) 성취욕구가 높은 사람은 즉각적인 피드백이 주어지는 임무를 선호한다. 그들에게는 목표가 중요하기 때문에 관계자들의 즉각적이고도 명확한 피드백이 없으면 자신이 얼마나 나아졌는지 실감하지 못한다. 그래서 성취욕구가 높은 사람일수록 주로 전문직이나 영업, 경영 등을 직업으로 택한다.

성취욕구가 높은 사람들은 자신의 기여도를 높이 평가하기 때문에 몸값도 높게 부르는 경향이 있다. 그들은 자신의 장점과 단점을 누구보다도 잘 알고 있으므로 자신이 하는 일에도 자신감이 있다. 만약 그들이 직무 능력은 뛰어난데 임금은 적게 받고 있다면, 그 조직에 오래 있으려 하지 않을 것이다. 금전적 자극이 그들의 실적을 높이는 데 직접적으로 기여하지는 않지만, 금전적 보상은 그들이 이룬 성취와 능력을 증명하는 표식과도 같다. 그래서 자신이 기여한 만큼 보상받고 있지 못하다고 여기게 되면 불만을 느낀다.

성취욕구가 높은 사람은 일을 성공시키려는 마음이 강한 만큼 실패에 대한 걱정도 많다. 그들은 대체로 도전을 기쁘게 받아들인다. 그러나 도전의 난이도에 대해서는 나름의 기준이 있어서 실현 불가능한 목표는 받아들이지 않는다. 그들은 요행을 바라거나 미신에 휘둘리지 않고, 오로지 자신의 노력으로 목표를 이루겠다는 생각으로 모험에 뛰어든다. 물론 그 전에 철저히 위험을 계산하고 분석하는 치밀함도 갖추고 있다. 그들은 자신의 일에 대해서는 자신이 책임을 지고자 하며, 자신이 한 일에 대해서는 신속하고도 명확한 피드백을 원한다. 이들은 대체로 휴식을 모르는 타입으로, 긴 시간 전심전력을 다하여 일에 매진한 뒤 그 일을 끝냈을 때 비로소 큰 만족을 느낀다. 최선을 다한 노력이었다면 실패해도 크게 슬퍼하지 않는다. 그들에게 일은 일종의 자기표현이다. 맥클랜드는 성취욕구가 높은 직원이 많은 회사일수록, 그리고 그런 기업이 많은 국가일수록 빠르게 성장한다고 말한다. 그런 나라의 경제발전 속도는 세계 경제의 평균을 크게 앞지른다.

출처 : http://wiki.mbalib.com/wiki/ (맥클랜드의 성취동기 이론)

제 **10** 장

바오위강 :
남다른 안목으로
선박왕이 되다

인생에 부침浮沈이 있듯 세상도 끊임없이 변하게 마련이다. 그러나 그 어떤 풍파도 바오위강(包玉剛, 1918~1991)[24]이 이루어내는 기적을 가로막지는 못했다. 바오위강은 20세기에 세계 최대 규모의 선단을 갖춘 선박왕이었다. 그는 전 세계적으로 해운업이 쇠퇴하고 있을 때에도 탁월한 식견으로 위기를 돌파하고, 해상에 이어 육상에서도 눈부신 성공을 거두었다.

그가 사업상의 위기를 성공적으로 극복할 수 있었던 것은 단지 운이 좋아서가 아니었다. 중요한 결정을 해야 할 때는 '심사숙고한 뒤 마음을 굳게 먹는다' 는 경영 신념이 있었기 때문이다.

---

24 - 저장성 닝보 사람으로, 화교계의 선박왕으로 불린다.

목표가 뚜렷하다면 남의 말에 휘둘리지 마라

바오위강은 1918년 상해에서 태어났다. 본적은 저장성 닝보寧波. 아버지 바오자오룽包兆龍은 제지업에 종사하고 있었다. 상해에서 유년 시절을 보낸 바오위강은 대학에 들어갈 즈음 중일전쟁이 일어나는 바람에 학업을 포기하고, 후난성 헝양衡陽과 충칭에 있는 중앙신탁국中央信托局 등에서 일했다. 닝보 출신 특유의 명민함과 성실성 덕분이었을까. 그는 가는 데마다 일솜씨를 인정받더니 중일전쟁이 끝날 무렵에는 광업은행鑛業銀行의 지점장이 되어 있었다. 이후 고향 상해로 돌아온 그는 상해 시립은행의 업무를 총괄하는 부지점장이 되었다. 그를 가까이서 지켜본 사람들은 그가 몇 년 안에 은행장이 될 것이라 예상하고 있었다.

바로 그때 바오위강은 사람들의 예상을 깨고 은행에 사직서를 냈다. 그리고 아버지와 함께 홍콩으로 가서 무역업을 시작했다. 그러나 중국에서 생산된 제품은 중국 국가기관에서 수출입 업무를 담당하도록 규정이 바뀌는 바람에 바오위강 부자는 하루아침에 생계수단을 잃고 말았다. 그러자 그의 아버지가 부동산 사업을 하자고 제안했지만 바오위강은 앉아서 자릿세나 받는 보수적인 일이 썩 내키지 않았다. 그런 그에게 어느 날 해운업이 눈에 들어왔다.

"아버지, 해운이야말로 가장 세계적인 일이 아닐까요? 기술, 보험, 경제, 정치, 무역에 이르기까지 해운과 연관되지 않은 일이 하나도 없잖아요!"

그런데 가족, 친구 할 것 없이 그를 아는 모든 사람이 그의 결정에 반대하고 나섰다. 험한 파도와 싸워야 하는 바다 생활이 위험할 뿐 아니라 해운을 한답시고 수십 년을 매달렸다가 가산만 탕진할 수도 있다는 것이었다. 그의 아버지도 "안 해본 일을 잘하기는 어려운 법이다. 네가 해운에 대해 뭘 안다고 그러느냐? 배 한 척에 무려 1,000만 위안이다. 네게 그만한 돈이 있기나 하냐"라며 그를 만류했다.

그러나 바오위강은 자신의 생각을 굳게 믿고 '해운의 꿈'을 향해 한 걸음 한 걸음 내딛기 시작했다.

자신을 믿으면 강해진다

바오위강은 해운 경영에 대해 아무것도 알지 못했지만, 과감하게 장기용선 방식을 택했다. 당시 외국의 해운회사들은 항해가 있을 때마다 단기용선 계약을 하고, 회가 거듭될수록 대여금을 높이는 방식으로 이윤을 얻고 있었다. 그리스의 선박왕 오나시스Aristotle Sokratis Onassis나 홍콩의 둥하오윈董浩雲도 마찬가지였다. 그러나 바오위강은 3년, 5년, 심지어 10년 단위로 선박을 대여하고, 월납으로 대여료를 받았다. 이렇게 하면 임시 대여를 하는 경우보다 수입은 적어도 박리다매로 장기간 대여할 수 있었다. 업계 사람들은 그런 그를 '문외한'이라고 손가락질했지만 바오위강으로서는 심사숙고 끝에 내린 결정이었다. 그는 해운에 대해 잘 알지 못했으므로 장기용선으로 안정적인 수익을 얻으면서 그사이에 해운 업무를 익혀야겠다고 생각했다.

그에게 돈보다 중요한 것은 전략이었다.

당시 그가 가진 자금으로는 선박 한 척도 살 수 없었기 때문에 사업을 하려면 융자를 받아야 했다. 그는 자신과 약간의 친분이 있던 영국 HSBC 은행의 조지 마든George Marden을 만나러 영국으로 갔다. 그러나 바오위강의 해운사업에 관한 계획을 모두 들은 마든은 오히려 그를 말렸다.

"젊은 사람에게 해운은 위험한 사업입니다. 빈털터리가 되기 쉬워요."

잔뜩 꿈에 부풀어 있던 바오위강은 기운이 쫙 빠졌다.

"마든, 제가 지금은 배 한 척 살 돈이 없지만, 그것은 어디까지나 지금의 처지일 뿐입니다."

바오위강의 짧지만 단호한 대답에 마든은 마음이 움직였다.

"해운에 그토록 확신을 갖고 있다면 중고 선박 하나를 당신에게 팔겠습니다. 제2차 세계대전 중에 건조된, 빠르고 견고한 배입니다. 원래 가격은 40만 파운드인데, 살 의향이 있으면 선박 가격의 70퍼센트까지 융자해드리겠습니다."

바오위강은 머릿속이 복잡해졌다. 좋은 제안이긴 하지만 가격이 너무 비쌌다. 그는 마든의 제안을 거절하고 홍콩으로 돌아왔다. 그런데 그때 영국 윌리엄슨Williamson사에서 오래된 선박 하나를 27만 파운드에 판다는 소식을 듣게 되었다. 윌리엄슨사와 직거래한다면 더 싼 가격에 살 수도 있을 것 같았다. 바오위강은 윌리엄슨과 끈질긴 교섭을 벌여 8,200톤의 화물을 실을 수 있는 28년 된 선박을 20만 파운드에 살 수 있었다. 이제 선박 구입 자금을 마련할 일만 남았다. 바오위강은 홍콩의 은행들을 찾아다니며 융자를 부탁했다. 홍콩 은행들은 위험해 보이는 해운사업에 조금도 관심을 보이지 않았다. 그렇다고 포기할 바오위강이 아니었다. 그는 일본으로 눈을 돌렸다. 다행히 일본의 한 은행에서 그에게 융자를 해주었다. 가까스로 20만 파운드를 마련한 바오위강은 선박을 구입하기 위해 다시 영국으로 갔다. 바오위강은 선박 구입 조건으로 윌리엄슨 측에서 배 전체를 새로 칠하고 군데군데 수리해줄 것을 요구했다. 모르는 사람이 보면 갓 건조된 것으로 알 정도로 배는 완전히 새로운 모습으로 바뀌어 있었다. 바오위강은 이 배에 '금안호(金安號, Golden Alpha)'라는 이름을 붙였다. '금'은 부를 의미하고, '안'은 안정된 기반 위에서 승리한다는 뜻을 담고 있었다. 금안호는 마침내 영국을 떠나 홍콩으로 갔다. 배가 인도양을 지나고 있을 때 바오위강은 두 가지 일을 한꺼번에 성사시켰다. 자신의 회사인 월드와이드 시핑(Worldwide Shipping, 環球航運集團)을 세웠고, 일본의 한 해운업체와 용선계약을 체결했다. 배는 인도양에서 곧바로 일본으로 갔다.

'자신에 대한 믿음이 있어야만 성공하리라는 희망도 품을 수 있다. 나는 나 자신에 대한 믿음이 있었다. 그 믿음이 없었다면 나는 저 멀리 있는 성공만 바라보며 아쉬워했을 것이다.'

바오위강은 틈이 날 때마다 책을 읽는 것으로 유명하다. '바람을 가르고 파도를 부수면 언젠가 때가 오리니, 그때에 나는 하늘 높이 돛을 달고 창해를 건너리라長風破浪會有時, 直掛雲帆濟滄海'(이백李白, 「행로난行路難」)은 그가 가장 좋아하는 시구다.

새로운 선택, 해상에서 육지로

1978년에 첫 중고 화물선을 구입하고 23년이 지나서 바오위강은 선박 200여 척을 거느린 세계적인 선박왕이 되었다. 세계 해운업계의 정상에 오르자 영국 여왕은 그에게 작위를 하사했다.

그 무렵 바오위강은 해운업의 규모를 줄이고 육지로 진출하기로 마음 먹었다.

전 세계적으로 해운업이 사양길에 접어들고 있다는 판단을 내린 것이 다. 20년 전에는 해운업의 시대가 오리라고 믿었기 때문에 주위의 반대에 도 불구하고 해운업에 뛰어들었지만, 20여 년이 흐른 지금 해운업은 전망 이 밝은 사업이 아니었다. 그런데 그는 대체 어떻게 이런 변화를 예견할 수 있었을까?

바오위강은 거의 한 해의 절반을 세계 여행으로 보냈다. 남들은 속 편 히 논다고 생각할지 모르지만 사실 그는 세계 각지의 정보를 수집하고 있 었다. 특히 그의 사업적 판단에 가장 큰 도움이 되어준 것은 바로 세계 경 제 동향이었다.

"해운업을 하려면 끊임없이 공부해야 한다. 밖에서 부지런히 정보를 얻 고, 전화벨도 쉴 틈 없이 울려대야 한다. 지금 중동 정세는 어떠한가, 걸 프전은 언제쯤 끝날 것이며 석유는 어떻게 공급받을 것인가, 이번 전쟁은 서구 경제에 어떤 영향을 미칠 것인가. 이런 것들이 다 해운업과 직결된 문제다."

그는 "보다 정밀한 자료를 얻어 종합적으로 분석하는 것만이 정확한 판단의 기초"라고 말한다.

바오위강은 1970년대에 두 차례의 석유위기를 겪으면서 세계 해운업계의 쇠락을 감지했고, 세계 각국의 에너지 정책을 보면서 국가 간 석유 수출입도 줄어들 것이라고 예상할 수 있었다. 해운업계는 여전히 번영을 누리고 있었지만 머지않아 석유 등의 문제로 인해 타격을 입게 될 것이었다. 은행과의 합작도 점점 어려워지고 있었다.

바오위강은 유조선부터 매각하기 시작했다. 원유 수송이 줄어들면 자신이 보유한 유조선 50여 척도 점차 쓸모없어질 것이었다. 그 후 4~5년에 걸쳐 동아공사東亞公司에 소속된 선박을 절반 이상 처분했다. 당시의 결정에 대해 그는 이렇게 말했다.

"선박 매각을 통해 그간의 빚을 거의 청산할 수 있었다. 그런데 다른 홍콩 선주들은 해운업의 미래를 낙관하고 있었기 때문에 당시 시장 가격보다도 높은 가격으로 용선계약을 체결하고 있었다. 나는 그들이 재앙을 면하기를 바랐다. 하지만 1985년부터 그 회사들의 주식이 거래되지 않기 시작했다."

그로부터 한참 시간이 흐른 뒤에야 사람들은 바오위강의 결정에 감탄했다. 당시 HSBC 은행장은 바오위강의 전략에 대해 이렇게 말했다.

"다른 선주들이 선박을 구입할 때 바오위강은 선박을 매각함으로써 부채를 줄였다. 그는 다양한 채널을 통해 정보를 수집했고, 중요한 결정을 내릴 때에는 언제나 냉정을 잃지 않았다. 이것이 바로 그의 전략들이 시장에서 대체로 성공할 수 있었던 이유다."

위험을 분석하고 통제하라

———————— ❧ ————————

바오위강이 중요한 결정을 내릴 때 냉정을 유지할 수 있었던 것은 자신에 대한 믿음이 있었기 때문이다. 그 믿음은 다양한 자료 검토와 심사숙고에서 나왔다. '표 10-1'에서 알 수 있듯이, 위험이 크면 대개 이익도 크고 실패의 가능성도 커진다. 홍콩 비즈니스계의 거두인 리자청도 모든 사업가는 투자상의 실수를 피하는 법을 배워야 한다고 말한 바 있다. 투자상의 실수를 피하기 위해서는 정보를 다양하게 수집하고, 시장을 정확하게 파악하고, 기회를 알아볼 수 있어야 한다. 이것은 잠재적인 위험을 피하는 방법이기도 하다.

투자상의 위험을 줄일 수 있는 방법으로는 다음과 같은 것들이 있다.

- 위험분석법 : 지금 상황에서 발생할 수 있는 모든 종류의 위험을 분석한다.
- 위험계측법 : 위의 분석을 통해 위험이 가져올 수 있는 부작용의 크기를 예측한다.
- 위험예방법 : 위험의 발생 가능성을 줄일 수 있는 방법을 채택한다.
- 위험전가법 : 불가피한 위험이라면 그 위험을 전가할 제삼자를 정해 두어 보험으로 삼는다.

바오위강은 바로 이런 방법으로 위험을 통제했기 때문에 자신감을 갖고 선박을 매각하기로 결정할 수 있었다.

결정	주변 사람들의 시선	직면해야 할 위험	결정에 대한 분석
해운업을 하기로 선택	가족과 친구들이 모두 반대했다.	해운은 그가 잘 모르는 분야인데다 자금도 부족했다.	해운은 과학, 기술, 보험, 경제, 정치, 무역을 아우르는 업종이었으므로 전망이 밝은 분야였다.
장기용선 방식으로 계약하기로 선택	업계 동료들의 멸시를 받았다.	자금회전이 느리고 이윤도 적었다.	장기용선 계약으로 적지만 안정적인 소득을 올리면서 시간을 벌어 해운 업무를 익힐 수 있었다.
융자로 선박을 구입하기로 선택	은행들은 그의 해운업에 아무런 관심을 보이지 않았다.	사업으로 이윤을 남기지 못하면, 부채와 이자를 감당하지 못해 위기를 겪을 수도 있었다.	해운업에 대한 전망을 설명하여 한 사람 한 사람의 신뢰를 얻었고, 부지런히 일하면 일정 수준의 이윤도 얻을 수 있었다.
보유한 선박의 수를 줄이고, 육지에서 새로운 사업을 하기로 선택	아무도 그의 선택을 이해하지 못했다.	잘나가고 있는 기존 사업을 포기했지만, 새로 진출하려는 사업의 성공을 장담할 수 없는 상황이었다.	석유위기로 해운업계에 위기가 닥칠 것을 예상하고 기존 사업을 과감히 정리, 이를 통해 새로운 사업에 투자할 자금을 확보할 수 있었다.

"항구불변하는 도道를 '경'이라 하고, 시의적절한 변통을 '권'이라 한다. 변함없는 정도를 간직하되 변통의 척도를 장악한다면 덕과 재주를 모두 갖춘 지혜로운 사람이라 할 만하다"[25]는 말이 있다. 살다 보면 위험을 감수하는 선택을 해야 할 때가 있다. 이때 의사결정의 주체는 "충분히 심사숙고했다면, 마음을 굳게 먹어야 한다".[26] 의사결정의 주체가 자신의

25-『한시외전』「권 2」.

26-『사마법司馬法』「정작定爵 3편」.

결정에 대해 심사숙고하고, 위험의 크기와 발생 가능성을 평가하여 최선의 선택을 하기로 했다면, 자신의 결정이 어떤 결과로 이어지든 마음의 평온을 유지할 수 있다.

바로 이것이 선박왕 바오위강이 매번 성공적인 의사결정을 할 수 있었던 심리적 비결이다.

예문 워프 쟁탈전

육지에서 사업을 시작하기로 마음먹은 바오위강이 처음으로 한 일은 영국계 자본기업인 '워프홀딩스(Wharf Holdings, 九龍倉)'를 사들이는 것이었다. 워프홀딩스는 홍콩의 4대 외국계 기업 가운데 하나인 자딘메디슨(Jardine Matheson Limited, 怡和洋行)의 계열사로, 홍콩에서는 최대 영국계 자본그룹 중 하나였다. 바오위강은 리자청의 도움을 받아 '워프'의 주식을 대량 매수했다. 1980년 4월에는 바오위강이 경영하고 있던 룽펑인터내셔널隆丰国际公司이 워프 주식의 30퍼센트를 보유하기에 이르렀다. 자딘메디슨의 또 다른 계열사인 홍콩랜드(Hongkong Land Limited, 置地公司)는 워프 주식의 20퍼센트를 보유하고 있었으므로 상황은 자딘메디슨 측에 전적으로 불리했다. 그러자 자딘메디슨 측은 워프를 지키기 위해 대량의 회사 자금을 동원하여 주당 100위안이 넘는 고가의 워프 주식을 마구 사들이기 시작했다.

바오위강은 예상치 않은 강적의 등장에 잠시 당황했지만 사흘 동안 기적적으로 현금 21억 위안을 확보함으로써 단 두 시간 만에 워프 주식의 49퍼센트를 사들였다. 그 정도면 회사의 경영권도 장악할 수 있는 지분이었다. 이미 출혈이 컸던 홍콩랜드는 기력을 잃고 비틀거렸다.

바오위강은 홍콩의 거부인 치우더건邱德根과 함께 또 다른 영국계 자본인 HSBC의 주식도 사들이기 시작했다. 25억 위안으로 HSBC 주식의 34퍼센트를 확보했고, 마침내 200여 자회사를 거느린 HSBC 그룹의 경영권을 손에 쥐었다. 그렇게 해서 바오위강은 리자청에 이어 두 번째로 4대 영국계 자본기업 가운데 하나를 차지한 홍콩 경제인이 되었다.

예문 피그말리온 효과

사이프러스 왕국에 사는 피그말리온은 3년여에 걸친 노력 끝에 상아로 아름다운 여인상을 조각했다. 미의 여신 아프로디테는 피그말리온의 정성에 감동해 그의 조각상에 생명을 불어넣어주었다. 피그말리온은 생명을 얻게 된 여인과 결혼해서 부부가 되었다. 심리학에서는 이 신화의 이름을 따서 '피그말리온 효과Pygmalion Effect'라고 부른다. 피그말리온 효과란 누군가 자신에게 기대한 만큼 그 기대에 부응하여 현실로 나타나는 현상을 말한다.

사실 사람의 판단이나 의사결정 과정도 모두 인격을 이루는 요소인 '자아'의 표현이다. 사람은 누구나 제한된 여건에서도 자신의 모든 필요와 역량을 고려하여 최종 결정을 내린다. 기대효과는 대체로 긍정적인 결과로 이어진다. 무리 속에서 어떤 역할이 기대된 사람에게는 그 기대 자체가 큰 격려가 되기 때문이다. 타인의 기대는 그 사람에게 내재된 자신감과 사명감을 끌어내고 행동에 추진력을 부여한다.

제 **11** 장

강유위 :
변법유신은
왜 실패했을까

1895년에 일어난 무술변법(戊戌變法, 절충적 개혁이 아니라 정치, 교육, 법 등 청나라의 제도 전반을 근본적으로 개혁하고자 한 운동으로, 변법자강운동이라고도 한다 – 옮긴이)은 중국 근대사에서 정치적으로 매우 중요한 사건인데, 고작 103일 만에 역사의 무대에서 막을 내리고 말았다. 그런데 무술변법은 왜 실패했을까? 구체적 원인에 대해서는 학계의 의견이 엇갈리지만, 이 책에서는 심리학적 관점에서 변법 실패의 원인을 살펴보고자 한다.

세 가지 잘못

　학계에서는 무술변법이 실패한 이유로 세 가지를 꼽는다. 첫째, 조급하게 변혁을 시도하다가 유신파와 양무파의 분열을 초래했고 보수파에게 유신파의 패를 일찍 들키고 말았다. 둘째, 유신파가 서태후의 지지를 얻는 데 실패하는 바람에 서태후가 보수파의 편을 들게 되었다. 셋째, 결정

적인 순간에 유신파가 원세개(袁世凱, 위안스카이, 1859~1916)에 의해 일망타
진되는 우를 범하고 말았다. 그런데 이 세 가지 잘못은 모두 변법유신의
핵심 인물이었던 강유위(康有爲, 강유웨이, 1858~1927)[27]의 성격과 관련이 있
었다. 강유위의 지나친 급진성은 내부 세력의 단합을 가로막았고, 유신파
에 동조적이었던 조정 대신들까지 등을 돌리게 만들었다. 이러한 급진성
은 강유위의 지나친 개성과 고집스러운 성격에서 비롯된 것이었다. 사실
강유위는 정계에 막 입문해서도 자신의 명성만 믿고 자만하는 마음을 가
지고 있었다. 예를 들어 손문(孫文, 쑨원)이 강유위를 흠모하여 교분을 쌓고
자 했을 때 강유위는 "문하생이 먼저 찾아와 인사를 해야 한다"며, 좋은
동지가 될 인재를 스스로 걷어차고 말았다. 만약 강유위와 손문이 동지가
되었다면, 중국의 근대사는 새롭게 쓰였을지도 모른다.

양강총독이자 남양대신南洋大臣이었던 장지동(張之洞, 장즈퉁)도 강유위에
게 언행을 신중히 하라고 당부한 적이 있었다. 그러나 강유위는 자신보다
스물한 살이나 많은 선배의 충고를 귀담아듣지 않았다. 오히려 장지동이
자신의 입을 틀어막고 대립각을 세우려 든다고 판단하여 장지동과 완전
히 등을 돌려버렸다.

무술변법이 실패한 두 번째 이유는 유신파가 서태후와 조정 대신들의
지지를 얻지 못했기 때문이다. 지지를 얻기는커녕 그들의 명예와 이익을
함부로 침범하다가 일을 그르치고 말았는데, 이런 실수 역시 강유위의 과
격한 성격과 관련이 있었다. 강유위는 광서제에게 놀고먹는 관리들을 엄
중히 골라내어 파직해야 한다는 상소를 올렸다. 문제는 그 놀고먹는 관리

---

27 - 중국의 정치가, 사상가, 교육가로 무술변법운동을 주도했다.

들 중에 서태후의 심복이 적지 않았다는 데 있었다. 정치적 인사를 재편하는 일은 마땅히 신중하고도 조심스럽게 진행해야 했음에도 불구하고, 자신의 황권을 과신한 광서제는 거리낌 없이 일을 진행하다가 서태후의 심기를 건드리고 말았다. 서태후는 변법운동이 일어난 지 나흘째 되던 날, 광서제에게 세 가지 교지를 내리도록 했다. 변법을 지지하는 제사(帝師, 황제의 스승) 옹동화[28]를 파직시키고, 새로이 2품 이상의 직위를 받는 관원은 반드시 태후에게 감사 인사를 올려야 하며, 영록[29]을 직례(直隸, 허베이河北의 옛 지명)총독으로 임명하는 동시에 영록이 동복상[30]의 감군甘軍과 섭사성[31]의 무의군武毅軍, 원세개[32]의 신건군新建軍을 모두 통솔하도록 한다는 내용이었다. 광서제를 고립시키고, 유신파에 타격을 가하는 동시에 북양(北洋, 심양瀋陽, 직례, 산동山東을 총칭) 지역의 정예군을 서태후가 장악하겠다는 의도였다.

문제는 여기서 끝나지 않았다. 강유위는 자신의 문하생들과 함께 강학회強學會를 운영하고 있었는데, 당시 양무파의 우두머리였던 이홍장이 강유위를 존경하는 마음에 거액을 후원하겠다고 나선 적이 있다. 강유위는 이 제안을 단칼에 거절했다. 이홍장은 도저히 이해할 수 없었다. 당시 청

---

28 - 옹동화(翁同和, 1830~1904), 자는 숙평叔平이며, 만청 시대의 정치가다. 동치와 광서, 두 황제의 스승이었다.

29 - 영록(榮祿, 1836~1903). 자는 중화仲華이며, 만주족 정백기인正白旗人이다. 만청 시대의 군사가, 정치가이며 무술변법 때 서태후에게 군사적 지원을 받은 인물이다.

30 - 동복상(董福祥, 1840~1908). 자는 성오星五, 감숙성 환현環縣 사람으로, 감군의 수령이었다.

31 - 섭사성(聶士成, 1836~1900). 자는 공정功亭이며, 안휘성 합비合肥 북향北鄉 사람이다. 청나라 말기의 장수로, 팔국연합군이 중국을 침략했을 때 천진天津을 지키기 위해 싸우다가 순국했다.

32 - 청나라 말기 권신으로, 자는 위정慰亭, 호는 용암容庵이며, 하남성 항성項城 사람이다. 민국 시대에 대총통으로 취임했으나 1916년에 칭제稱帝했다가 실패했다.

나라가 일본과 맺은 굴욕적인 강화조약인 시모노세키 조약馬關條約을 이홍장이 담당하긴 했지만, 그렇다고 그 일을 가지고 강유위가 자신의 호의를 매몰차게 거절할 것까지는 없었기 때문이다. 사실 무술변법이 위기에 치닫게 된 데에는 유신파와 서태후·보수파 사이에서 소통을 담당할 만한 인물이었던 이홍장을 광서제가 중국 남부의 양광총독으로 보내버린 탓도 컸다. 당시 대학사이자 호부상서였던 옹동화 역시 처음에는 변법을 지지하는 인물이었다. 그러나 강유위의 '지나친 직언'을 보면서 그의 경박함과 조급함이 변법을 실패로 이끌 것이라고 판단하여 광서제에게 강유위를 중용하지 말라고 권했다.

무술변법이 실패할 수밖에 없었던 세 번째 이유는 원세개라는 인물을 함부로 신임했기 때문이다. 유신파는 원세개에게 서태후를 연금시키고 영록의 병권을 빼앗는 일(일명 살록위원殺祿圍園)을 맡겼는데, 강유위가 주도한 이 일은 사실 너무 위험해서 승산이 없는 계획이었다. 당시 유신파의 핵심 인물이었던 왕조王照와 필영년畢永年, 담사동譚嗣同도 이 계획이 성공하리라는 것에 대해 회의적이었다. 그러나 강유위는 자신이 이미 영록과 원세개 사이를 이간질해놓았으니 "원세개가 반드시 우리의 뜻대로 움직여줄 것"이라고 장담했다. 불안했던 유신파는 담사동에게 몰래 법화사法華寺로 가서 원세개와 다시 이야기해보도록 했다. 결과는 우려한 대로였다. 원세개는 유신파 주위를 맴돌면서 거짓으로 담사동의 신임을 얻고, 뒤로는 영록에게 이 계획을 밀고하여 광서제와 유신파를 철저히 무너뜨렸다.

1895년 9월 21일, 서태후는 광서제를 연금시키고 유신파를 잡아들이라는 조서를 내렸다. 그로부터 1주일 뒤인 9월 28일, 변법 주동자 여섯 명이 처형됨으로써 변법유신은 불과 100여 일 만에 막을 내리고 말았다.

현실을 무시한 오만함

강유위의 오만과 경박함이야말로 무술변법을 실패로 이끈 중요한 원인이었다. 그의 성격은 전형적인 급진성을 드러낸다.

아들러(Alfred Adler, 1870~1937, 오스트리아의 심리학자)는 사람의 성격을 환경에 적응하고자 한 시도로 정의하는데, 그 표현 방식에 따라 급진적 성격(공격적 성격)과 비급진적 성격(비공격적 성격)으로 나누었다. 권력이나 우월성을 추구할 때 타인을 적으로 삼아 자아를 표현하고 외적으로 타인에게 상해를 입힌다면 급진적 성격에 속하고, 자신이 물러남으로써 타인의 관심을 조종하고 외적으로 타인에게 상해를 입히지 않는다면 비급진적 성격에 속한다.

급진성이 지나치게 발달하면, 모든 일에 색안경을 끼고 본다든가 부분만 가지고 전체를 판단하고, 자기 의견을 고집하고, 작은 일에 투쟁적이되며, 타인의 선의를 왜곡해서 받아들이는 괴팍함을 드러낸다. 이런 성격을 가진 사람은 타인의 장점을 무시하고, 실질보다 명성을 추구하는 경향때문에 자기 자신을 과장하고 과대평가한다. 의사결정 과정에서는 극단적이고 이분법적 사고로 복잡다단한 문제의 맥락을 단순화시켜버리기도한다. 흑 아니면 백이며, 앞뒤 가리지 않고 부딪치려 할 뿐 변통의 도는부족하다.

이런 성격은 정상적인 방법으로 성취욕구를 만족시킬 수 없을 때 자신에 대한 외적 평가에 과도하게 몰입하는 자기애성 인격장애로 이어지기도 한다. 이들은 타인의 관심을 받을 때만 살아갈 이유를 느끼므로 자기애적 욕구가 좌절되면 현실적 여건을 무시한 채 환상에 갇혀 지내기도 한다.

경박함과 괴팍함은 강유위의 일생을 지배한 성격이었다. 그는 자신을 세상의 '마귀'들과 투쟁하는 '초인'이라고 생각했다. 어떻게 초인이 당시 이름도 없던 손중산(孫中山, 손문을 호로서 일컫는 이름 - 옮긴이) 따위와 왕래할 수 있으며, 어떻게 장지동 같은 사람의 압력에 굴복할 수 있단 말인가? 이런 오만은 세상과 타인에 대한 단순한 사고로까지 이어졌다. 그는 광서제가 '조정 중신들의 뜻을 모아 수구파를 몰아내고 유신을 도모'하기만 하면 '변화는 하루아침에 이루어질 수 있다'고 믿었다. 중국도 일본처럼 유신을 단행해야 한다며 답답해했던 그는 유신이 성공하기만 하면 '3년 안에 큰 틀을 세우고, 5년 안에 세부 항목을 갖추어 8년 안에 그 효과가 나타날 것이고, 10년이면 나라가 강성해질 수 있다'고 생각했다. 참으로 황당하리만치 단순한 사고가 아닐 수 없다. 사상과 제도 차원의 변화는 엘리트 계층이 유신의 이념을 진심으로 받아들이고 그 이념을 하나하나 행동으로 옮겨야만 이루어질 수 있다. 어떻게 변화가 하루아침에 이루어질 수 있겠는가? 더욱이 광서제는 존귀한 천자의 신분인데도 서태후를 비롯한 보수파 중신들에게 맞서지 못했을 만큼 약한 존재였다. 당시 중국이 메이지 유신을 단행한 일본과 달랐던 부분도 바로 그것이었다.

그럼에도 강유위는 '황제께서 단호히 밀어붙이시니 열흘만 기다리면 될 것'이라는 믿음을 버리지 않았다. 그의 이런 단순한 믿음은 광서제로 하여금 자신의 황권을 과신하게 만들었고, 변법을 추진하는 동안 온갖 부

〈표 11-1〉 강유위의 성격적 표현

성격	말과 행동	영향
객관적인 여건을 고려하지 않고 급진적인 변화를 시도함	• 전통만 유지해서는 안 된다. 반드시 변법을 단행해야 한다. 완만한 개혁도 안 되며 속변速變해야 한다. 작은 변화는 안 된다. 크게 변해야 한다. • 3년 안에 큰 틀을 세우고, 5년 안에 세부 항목을 갖추면 8년 안에 그 효과가 나타날 것이고, 10년이면 나라가 강성해질 수 있다.	변법유신은 과도한 급진성 때문에 많은 관료들의 반감을 샀고, 그 결과 백일천하로 막을 내렸다.
형식과 상징에만 매달리고 실질과 내용은 갖추지 않음	• 황제가 먼저 단발하고 의복을 바꾼 뒤 백성들에게 조서를 내리면 백성과 문무백관도 의복을 바꿀 것이다. • 천단天壇 태묘太廟에 조정의 신하들이 모여 위로는 조상께 아뢰고 아래로는 신민에게 고하노니…… 오늘을 유신 원년元年으로 삼는다.	복식, 두발, 달력 등은 하루아침에 바꿀 수 없는 전통이자 비의秘意가 담긴 상징체계이다. 이런 상징체계를 하루아침에 파괴하려는 시도는 보수 세력의 거대한 반발을 불러일으켰다.
공자의 가르침에 절대 복종해야 한다고 외치며, 공자기년孔子紀年을 사용하자고 주장	• 교(敎, 배움, 예교)가 없는 자는 짐승과 같고, 도(道, 안정된 통치질서)가 없는 상태는 야만과 같다. '도'와 '교'란 무엇인가? 성인을 따르는 것을 말한다. 그렇다면 어떤 성인을 따르는가? 공자를 따른다. • 하늘은 직접 말할 수 없으므로 공자께서 대신 말씀하시도록 했다.	공자의 가르침을 국교의 위치에 올려놓고 자신만의 종교사상 체계를 세우려 했다. 중국인들의 마음에서 공자가 차지하고 있는 신성한 위치를 이용하여 유학을 하나의 종교로 만듦으로써 그 자신이 중국의 마르틴 루터가 되려고 했다.
스스로 공자 다음 가는 신성한 존재가 되고자 함	• 세존께서 보리수 아래에서 일어나시며 '천상천하 유아독존'이라고 하셨듯이 천상과 지하를 통틀어 내가 홀로 존귀하다. • 이 세상에 내가 아니면 또 누가 있단 말인가?	강유위는 스스로를 '장소長素'라고 칭하곤 했다. 공자의 존칭이 소왕素王이었으므로 '장소'라는 말은 자신이 성인보다 뛰어난 성인, 즉 '신인神人'이라는 뜻이었다.

시간	사건
1901년 7월 24일	• 총리아문을 외무부로 바꾸고, 6부 가운데 가장 중요한 기관으로 지정했다.
1901년 12월 23일	• 여성의 전족을 금지하고, 만주족과 한족 간의 통혼通婚을 허용했다.
1905년 9월 2일	• 과거제를 폐지한다는 조서를 반포했다.
1906년 9월 1일	• 입헌에 관한 조서를 반포하기로 결정하고, 중국 역사상 최초의 헌법 초안 인 「흠정헌법대강欽定憲法大綱」을 마련했다.

주의를 초래하는 원인이 되었다. 유신파는 불과 한두 달이라는 짧은 시간에 헌법제도를 바꾸려 했고 복식에서 두발, 달력에 이르기까지 지난 수천 년간 중국을 지배해온 모든 전통과 충돌했다. 너무 빨리 가려고 하면 도달하지 못한다고 했던가. 변법은 얼마 못 가 보수파의 반격에 부딪혀 그대로 쓰러진 뒤 다시 일어나지 못했다.

변법유신은 그것을 주도한 강유위의 괴팍하고도 오만한 성격 때문에 실패했다고 해도 과언이 아니다(표 11-1).

역사는 돌이킬 수 없다

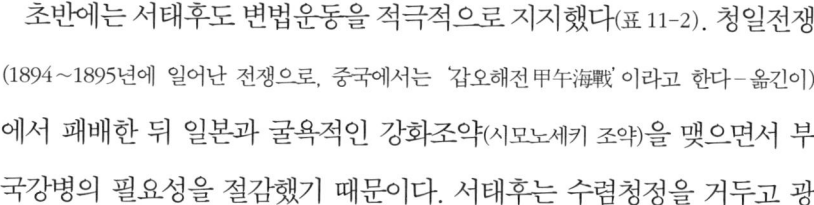

초반에는 서태후도 변법운동을 적극적으로 지지했다(표 11-2). 청일전쟁 (1894~1895년에 일어난 전쟁으로, 중국에서는 '갑오해전甲午海戰'이라고 한다-옮긴이)에서 패배한 뒤 일본과 굴욕적인 강화조약(시모노세키 조약)을 맺으면서 부국강병의 필요성을 절감했기 때문이다. 서태후는 수렴청정을 거두고 광

서제에게 집정을 맡기면서, "청년들을 서양으로 유학 보내 선박과 기계 제조법을 익힌다면 부국강병을 이룰 수 있을 것"이라고 말하기도 했다. '스스로 부강해져야 남의 지배를 받지 않을 수 있다'는 것을 깨달았기 때문이다. 이에 광서제는 옹동화가 기초한 「정국시조定國是詔」를 통해 서양 학문을 배우고, 변법자강을 청 왕조의 국책으로 삼겠다고 선포했다. 이로써 변법유신은 청 왕조의 승인을 받은 합법적 활동이 되었다.

이와 같이 서태후는 변법에 반대하지 않았을 뿐 아니라 오히려 적극적으로 후원하는 입장이었다. 강유위가 그 기회를 잘 활용하면서 '변법'의 월계관을 서태후에게 돌렸다면, 서태후의 지지를 받아 보수파 관료들의 반대를 뚫고 변법을 끝까지 밀고 나갈 수 있었을 것이다. 그런데 강유위는 서태후의 지지가 무엇을 의미하는지 깨닫지 못했다. 오히려 서태후가 변법운동에 끼어들고 있다고 판단하여 패착(바둑에서, 그곳에 돌을 놓았기 때문에 결과적으로 그 판에서 지게 된 아주 나쁜 수 – 옮긴이)이 될 만한 행동을 되풀이했다. 그의 행동들은 유신을 실패로 이끄는 결정적 화근이 되었다.

예문 서태후는 왜 변법에 반대하게 되었는가

서태후는 처음에 무술변법을 지지했다가 완강한 반대로 돌아섰다. 그 이유는 무엇이었을까?

사학자들은 광서제가 서태후의 승인 없이 그토록 큰 사건을 주도할 수는 없었을 것이라고 말한다. 「정국시조」도 대부분 서태후의 동의를 거친 내용들로 이루어져 있었다. 강유위가 변법을 제안하면서 함께 권한 『표트르 정변기俄彼得政變記』나 『일본정변고日本政變考』 같은 책도 광서제가 서태후에게 올려 열람하게 한 자료들이었다. 비행간(費行簡, 1872~1954)이 쓴 『자희태후전신록慈禧太后傳信錄』에 따르면, 서태후는 변법 초기에 광서제에게 "변법은 평소에 품어온 뜻"이라고 밝히면서 "서양에 유학생을 보내 기계와 선박의 제조법을 배워온다면, 부국강병을 이룰 수 있을 것이다", "우리가 스스로 부강해져야만 남의 지배를 받지 않을 수 있다"라고 말했다고 한다. 변법이 자신의 정치적 입지를 공고히 하기만 한다면 서태후로서도 변법을 반대할 이유가 없었다는 뜻이다.

"서태후가 변법을 반대한다"라고 말하고 다녔던 사람은 사실 강유위다. 『강남해자편연보康南海自編年譜』에 따르면, "광서제는 팔고문(八股文, 명나라 초기부터 청나라 말기까지 과거시험에서 채택한 한시 문체. 고정된 격식과 번잡한 수식이 특징이다 – 옮긴이)을 폐지하려다 중신들의 반대에 부딪혔다. 광서제는 5월 2일에 '이화원(頤和園, 서태후가 북평의 천안문 북서쪽에 지은 여름 별궁)으로 가서 자희태후를 찾아뵙고', '5월 5일에 교지를 받았다'"고 기록되어 있다. 강유위는 바로 이 일을 두고 "만사가 이런 식이다. 위로는 태후의 반대, 아래로는 중신들의 고집에 가로막혀 변법을 추진하기 어렵다"라고 탄식했던 것이다. 이 말만 놓고 보면 서태후와 중신들이 변법을 반대한 것처럼 보이지만, 실은 서태후의 교지가 빨리 내려오지 않아 강유위가 불평을 한 것에 지나지 않는다. 강유위는 고작 사흘을 못 기다리고 황당한 말을 입에 담은 것이었다.

강유위와 유신파는 인내심을 가지고 차분하게 서태후의 지지를 기다리지 못했을 뿐만 아니라 조정 내부의 이해관계에도 무지했다. 서태후는 '조종대법祖宗大法을 거스르지 않는' 선에서 개혁을 추진해야 한다는 입장을 분명히 밝혔다. 그런데도 유신파는 상대방이 자신들의 뜻에 전적으로 동의하지 않으면 다 '반대한다'고 해석했다. 서태후가 변법을 반대하고 있다는 주장도 그래서 나온 것이다. 강유위는 광서제의 능력을 과대평가하는 바람에 광서제와 서태후가 서로 권력을 다투도록 만들었고, 이런 전략은 서태후의 반발을 사면서 변법을 더욱 난국으로 몰고 갔다.

당시 중국에 체류하며 변법유신을 지켜보았던 영국인 비어스포드Admiral Charles Beresford는 "유신파들은 질서나 체계가 전혀 없이 그저 성공만을 위해 조급하게 굴었다. 그 조급함이 구국사업을 실패로 이끈 것 같아 안타깝기만 하다"라고 탄식했다. 당시 영국 공사였던 맥도날드(Colonel Sir Claude Maxwell MacDonald, 1852~1915)도 변법운동이 일어난 지 20일쯤 되었을 때, 영국으로 보내는 서신에 '지금 중국에서 일어난 정변은 강유위와 그 무리들의 어리석음 때문에 망하고 말 것'이라고 썼다.

출처 : 『무술변법에 대한 서태후의 태도가 변한 이유』(2008년), 138~140쪽

예문 자기애성 인격장애란 무엇인가

자기애성 인격장애의 특징은 언제나 자신이 옳고, 자신은 남과 다르게 특별하다고 생각한다는 것이다. 이들은 자신의 능력을 과대평가하면서도 실패의 책임은 타인에게 돌리는 태도를 보인다. 일이나 공부를 할 때도 실제의 노력보다는 자기를 앞세우는 말만 늘어놓는다. 일을 감정적으로 처리하는 경향이 강해 사람이나 일에 대해 객관적인 분석을 할 줄 모른다. 모든 인식이 개인적 감정에서 출발하기 때문에 사실에 대한 이해보다는 주관적 편견이 강하며, 자기성찰이 부족하고, 주위 사람들과 불화가 잦다. 또한 이들은 언제나 남들에게 떠받들어지기만을 원한다.

제 **12** 장

이홍장 :
'어떻게든 일을 마무리한'
외교통

중국 근대사에서 빼놓을 수 없는 인물 중 한 명이 이홍장[33]이다. 이홍장은 젊은 시절부터 숱한 문공文功을 세웠고, 중년에는 봉강대리 신분으로 양무운동을 주도했으며, 만년에는 정부의 핵심 부서에서 40여 년간 외교 업무를 담당한 청나라 말기의 정치가다. 그의 일생에는 두 번의 큰 실패가 있었다. 그중 하나는 불성실한 사람에게 성의를 다한 것이고, 다른 하나는 서태후에게 지나치게 충성을 바친 것이었다. 충성과 성의는 본디 미덕이지만 이홍장의 어리석은 충과 성은 중국에 크나큰 치욕을 안겨주었다.

---

33 - 자는 자불子黻, 점보漸甫이며, 호는 소정少筌, 의수儀叟, 시호는 문충文忠이다. 안휘성 합비 사람. 청나라 말기의 조정 중신이자 양무운동을 이끈 지도자였으며, 회군淮軍을 창설한 장군이다.

지나친 '성의'가 화를 부르다

이홍장은 젊은 시절부터 숱한 문공을 세웠고, 중년에는 양무운동을 주도했으며, 만년에는 외무부에서 40여 년간 외교를 담당했다. 그는 조정의 총애를 받는 신하였지만 국가에 크나큰 치욕을 안겨준 굴욕적인 강화조약으로 죽어서까지 욕을 먹었다.

젊은 시절의 이홍장은 세상에 두려울 것 없는 열혈 애국청년이었다. 그는 자신의 은사인 증국번이 이원도와의 친분 때문에 공사를 구분하지 못한다고 생각해 서슴없이 증국번의 곁을 떠나기도 했다. 청군 장수였던 영국인 고든(Charles George Gordon, 1833~1885)이 거듭 승리를 거둠으로써 기고만장해져 청 정부의 권위를 무시하자 과감히 그의 군권을 박탈하기도 했다. 외국 열강들이 중국을 침탈하는 모습을 본 그는 1865년에 주구향朱九香에게 보내는 편지에 '우리가 어서 강해져야 외국의 능멸을 이기고 스스로 설 수 있을 것'이라고 쓰기도 했다.

그랬던 그가 외세에 타협적으로 바뀐 이유는 증국번의 말 한마디를 잘못 받아들였기 때문이다. 한번은 증국번이 이홍장에게 양인들과는 어떻게 교섭해야 하느냐고 물었다. 이홍장은 "양인들이 무슨 말을 하든 우리가 먼저 기선을 제압해야 한다"라고 대답했다. 그러자 증국번이 잠시 침묵하다가 말했다.

"내가 보기에 중요한 건 진심이 담긴 '성의'일세. 양인들도 사람 아닌가. 사람은 진심으로 대하면 누구나 감화를 받게 마련이지."

이홍장은 증국번의 가르침에 큰 감명을 받아 양인들과 교류하면서도 언제나 진심과 성의를 다하려고 노력했다.

이홍장이 북양대신으로 있을 때 독일의 해군 장교가 청나라 군함을 보고 싶다고 청해왔다. 이홍장은 흔쾌히 군함을 보여주겠다고 약속했는데, 막상 약속한 날짜가 되자 바람이 너무 세게 불어서 군함을 운항할 수가 없었다. 사정이 여의치 않으니 약속을 취소하자는 내부 의견이 있었지만, 이홍장은 상대방에 대한 성의를 저버리지 않기 위해 역관과 함께 작은 배를 타고 군함이 있는 곳으로 갔다. 이홍장의 배려에 감격한 독일군 장교는 "중국 관료들은 신의가 대단하군요. 정말 존경스럽습니다"라고 말했다. 이홍장의 이런 태도에 외국 열강들은 찬사를 아끼지 않았다. 열강 대표들은 청 정부의 관료들 가운데 이홍장을 가장 좋은 협상 파트너로 꼽았다. 미국의 제18대 대통령 그랜트(Ulysses Simpson Grant, 1822~1885)도 이홍장을 "극동 제1의 명재상"이라고 극찬했다.

이홍장은 증국번에게서 성의에 관한 가르침을 받은 후 양인들에게 진심과 성의를 다했지만, 정작 자신은 양인들에게 같은 수준의 성의를 요구하지 않았다. 그의 이런 실수는 일종의 정형화된 사고에서 비롯된 것이다. 정형화된 사고는 특정 방향으로의 판단을 유도하는 사고방식으로, 문제에 대한 인식의 폭을 좁게 하고 사물에 대한 인식을 왜곡시키며 편견, 기만, 불신 등을 야기하는 단점이 있다.

이홍장은 20여 년간 외교를 담당하면서 '어떻게든 일을 마무리하는' 데만 힘썼다. 1875년에 마가리 사건(영국 영사관 서기였던 A. R. 마가리가 운남성 雲南省으로 가던 중 살해된 사건. 이 사건을 빌미로 영국과 '지부조약芝罘條約'을 체결하게 된다 - 옮긴이)이 일어났을 때도, 영국 측이 중국과의 약속을 어기고 만국공법에 위배되는 행동을 했음에도 이홍장은 서둘러 일을 마무리짓기 위해

연대조약(煙臺條約, 옌타이 조약)에 서명해버렸다. 영국은 이후 10년간 이 조약을 근거로 중국의 권익을 침해하는 요구를 계속해왔다. 1885년에 베트남에서 프랑스와의 군사 충돌이 발생하자 이홍장은 청군이 패배했다는 사실을 염두에 두지 않고 매국조약의 강화를 추진, 서둘러 청불신약淸佛新約을 맺어버렸다. 1895년에 시모노세키 조약을 체결할 때는 대만을 일본에 떼어준 것으로도 모자라 일본에 은자 2억 냥을 배상금으로 지불하기까지 했다.

그러자 이홍장의 정적(좌종당 등)은 물론 그의 부하(유명전)와 친구들(증국번 등)까지 이홍장의 외교 태도에 불만을 표시하기 시작했다. 당시 증국번의 장자이자 열혈 애국청년이었던 증기택曾紀澤은 1880년에 프랑스와 러시아로 하여금 중국을 압박하는 외국 열강들에 대항하도록 하는 한편, 1885년에 청불전쟁이 일어났을 때는 프랑스의 침략 저지를 주장하다가 주불공사駐佛公使 직위를 박탈당하기도 했다. 증기택은 1886년에 중국으로 돌아왔으나 이홍장에게 정치적 타격을 받고 억울해하다가 세상을 떠났다. 이홍장은 이렇게 정계 안팎으로부터 혹독한 비판을 받으면서도 굴욕적인 타협외교를 멈추지 않았다.

예문 이홍장의 인욕 정신

이홍장의 집에는 '세상 만물의 기운을 받아 내 가슴속에 봄을 기르리라 受盡天下百股氣, 養就胸中一段春'라는 대련(문이나 기둥에 써 붙이는 대구對句 – 옮긴이)이 쓰여 있었다. 이 구절은 이홍장이 갖추고 싶어 했던 심리적 소양이 무엇인지를 잘 보여준다. 그중 하나는 인욕忍辱, 즉 타인의 비난을 너그럽게 수용하는 능력이었다. 능히 욕을 참을 줄 알았던 이홍장은 자신을 심하게 매도한 '청류파淸流派'의 거두 장패륜(張佩綸, 소설가 장아이링張愛玲의 조부 - 옮긴이)에게 기꺼이 자신의 딸을 시집보내기도 했다. 그때의 심정은 아마 청일전쟁 패배 후 시모노세키 조약을 체결할 때와 같았을 것이다. 그가 갖추고 싶어 한 또 다른 소양은 전체 국면을 염두에 두는 안목이었다. 그가 정계 안팎에서 많은 사람들의 비난을 받으면서도 신축조약新丑條約을 맺음으로써 팔국연합군(의화단 사건으로 서구 열강의 공사관과 외교관이 피습되자 영국, 러시아, 독일, 일본 등 8개국이 청을 침공하기 위해 결성한 군대 - 옮긴이)과의 협상을 마무리 지은 것도 그 때문이었다.

사실 이홍장은 1870년대에 청 정부의 관료가 된 뒤로 늘 대신들의 비난을 받아왔다. 그중에는 치욕적일 만큼 가혹한 비난도 있었다. 특히 중국이 청일전쟁에서 패배하고 시모노세키 조약을 체결하자 온 백성들에게서 매국노라는 지탄을 받기도 했다. 그럼에도 불구하고 그는 아무런 변명이나 해명 없이 모든 지탄을 감수하며 자신의 일을 계속했다. 팔국연합군이 북평을 공격했던 1900년 당시 이홍장의 나이는 일흔일곱이었다. 멀리서 시국 관망이나 할 고령의 나이에 그는 기꺼이 노구를 이끌고 연합군과의 협상에 나서 신축조약을 체결한 것이다.

당시 '북평은 위기에 빠지고 온 세상이 평화를 갈망하고 있었다. 이홍장이 어려운 일을 맡아 조정이 한숨 돌리게 되자, 모두가 기뻐하며 서로 축하의 말을 건넸다'는 기록이 있다. 이홍장을 떠받드는 이들이라면 당연히 '시대의 위기를 짊어진 공'이었다고 평하겠지만, 이홍장을 반대했던 이들도 이홍장이 '조정의 기대와 백성들의 열망을 껴안은 당대 제1의 위인'이라는 사실만은 부정하지 않았다. '어려운 시기에 혼란을 수습하고 평화 국면을 일구어낸 것은 그가 아니면 이룰 수 없었을 공이다.' (두춘허 杜春和 편저, 『영록존례榮祿存禮』, 48쪽) 이렇듯 신축조약은 이홍장이 헌신적으로 이룩한 결과였다.

그런 이홍장도 타협적인 외교 문서에 서명을 할 때에는 만감이 교차했으리라!

비난을 개의치 않은 충직한 신하

사실 이홍장의 '인욕'은 일종의 심리적 방어기제이기도 했다. 방어기제란 정신적 동요를 겪을 때 마음의 안정을 되찾기 위해 무의식적으로 택하는 수단을 가리킨다. 그중에서도 합리화Rationalization는 실제 현실이나 당사자의 이상에 부합하지 않는 대상에 대한 해석을 왜곡함으로써 마음의 안정을 되찾는 수단이다. 이홍장의 합리화 방어기제는 서태후의 교지를 받들기 위해 어떤 수모든 감수하려는 행동으로 나타났다.

이런 방어기제를 택한 이유는 그의 심리적 특성과 관련이 있었다. 서태후와 이홍장의 관계는 서태후와 공친왕恭親王이나 옹동화, 좌종당, 장지동의 관계보다 더 돈독했다. 그런데 바로 그 이유 때문에 이홍장은 누구보다도 참혹한 대가를 치러야 했다. 서태후는 자신의 사욕을 위해서라면 정국을 농단하는 일도 서슴지 않는 여인이었기 때문이다.

중국의 근대사상가인 양계초(梁啓超, 1873~1929)는 이홍장에 대해 "학문이 뛰어나지 않았고 파격을 시도할 용기가 없는 것이 그의 단점이라면,

고달픈 줄 모르고 일하는 헌신적 태도와 남들의 비난에 개의치 않았던 인품은 그의 장점이었다"라고 평한 바 있다. 서태후의 모든 뜻을 충성스럽게 받들고자 했던 이홍장은 비록 많은 일을 해냈지만, 정작 그 자신은 고달픈 비난을 감수해야 했다.

중용의 도를 버린 일관성

이홍장은 '올바른 흐름을 가려 좇을從善如流' 줄 모르는 사람이었다. 그의 우직한 원칙주의는 곧 무원칙적인 올곧음으로 변질되었다. 그는 강도에게도 양심적으로 대했고, 사기꾼에게도 성의를 다했다. 이처럼 '호랑이 가죽 구할 일을 호랑이와 도모與虎謀皮'하는데 어떻게 '밖으로 두루 사이가 좋을外敦和好' 수 있을까? 어리석은 군주에게까지 '충성'을 다할 정도였으니 말이다. 이홍장의 무분별한 진심과 어리석은 충성은 그 자신뿐 아니라 나라까지 어려움에 빠뜨렸다. 『맹자孟子』에 보면 '한쪽만 고집하는 것을 미워하는 이유는 그것이 중용의 도를 해치기 때문이다. 하나를 택하면 나머지는 모두 버리게 되지 않는가?所惡執一者, 爲其賊道也. 擧一而廢百'(「진심 상盡心 上」)라고 나와 있다. 이홍장의 그릇된 일관성은 만청 시대의 외교에 끝없는 재앙을 가져왔다. 차라리 이홍장이 여러 사람의 의견을 골고루 듣고 상황에 따라 적절히 그 조언을 적용할 수 있었다면 임칙서(林則徐, 1785~1850)나 좌종당, 구봉갑丘逢甲처럼 양인들에게도 단호히 "노No"라고 말하는 진정한 애국자로 남지 않았을까?

예문 심리적 방어기제란 무엇인가

심리적 방어기제란 좌절이나 갈등으로 인해 마음이 괴로울 때 그 괴로움에서 벗어나기 위해 택하는 일종의 적응 전략이다. 방어기제는 마음의 고통이나 불안을 완화시키는 적극적 기능과, 문제를 근본적으로 해결할 수 없을 때 자기기만이나 현실도피로 빠지는 소극적 기능으로 나타난다. 소극적 기능만으로는 문제 자체가 해결되지 않기 때문에 오히려 문제를 더 복잡하게 만들거나 당사자를 더 큰 좌절과 갈등 속으로 빠뜨릴 수 있다.

의사결정의 주체도 잘못된 결정을 내렸다고 여겨지면 심한 스트레스를 받게 된다. 이때 의식적 · 무의식적으로 다음과 같은 방어기제를 사용한다.

(1) 합리화 : 어떤 일이 사회적인 가치 기준에 부합하지 않거나 원했던 목표에 다다르지 못할 경우, 자신이 받아들일 수 있는 다른 이유를 적용해서 그 일을 해석함으로써 정신적 고통이나 불쾌감에서 벗어나는 방법이다(예를 들면 이솝우화에서 맛있는 포도를 먹을 수 없게 된 여우가 사실은 신 포도라서 맛이 없을 거라고 단정하는 행동).

(2) 억압 : 자신의 의식과 충돌하거나, 현실에서 받아들여지지 않는 충동이나 욕망, 생각, 감정, 고통스러운 경험에 대한 기억 등을 당사자가 다시는 떠올릴 수 없는 무의식 속으로 밀어넣음으로써 고통에서 벗어나는 반응이다(예를 들면 꿈이나 실어증, 무의식적인 오탈자 등).

(3) 전이 : 자신의 감정을 무고한 타인이나 물건에 전가시킴으로써 자신의 내적 불만족을 해소하는 방법이다(예를 들면 애꿎은 사람에게 화를 내거나 물

건을 마구 집어던지는 행동).

(4) 투사 : 자신의 것으로 인정하고 싶지 않은 욕망이나 불쾌한 감정 등을 타인의 것이라고 떠넘김으로써 수치심에서 벗어나는 방법이다(예를 들면 못난 사람이 도리어 상대방을 못난 사람으로 취급함으로써 그를 희생양으로 삼는 행동).

(5) 유머 : 좌절과 맞닥뜨렸을 때 그 상황에 어울리는 우스꽝스러운 언행으로 곤경에서 벗어나 마음의 안정을 되찾는 방법으로, 비교적 건강한 방어기제에 속한다.

제 13 장

주원장 :
왜 승상제를 폐지했을까

명 태조 주원장(朱元璋, 1328~1398)[34]은 비천한 신분이었으나 중원의 혼란을 종식시키고 새 왕조를 연 인물이다. 그는 자신의 권력을 지키고 자손들에게도 그 권력을 안정적으로 물려주기 위해 승상제 폐지와 금의위(錦衣衛, 황실경비기구) 설치, 정장(廷杖, 조정의 신하들을 대상으로 한 장형) 실시, 구족멸살九族滅殺 등 전대미문의 잔혹한 정책을 많이 만들어냈다. 이런 제도 때문에 주원장은 죽어서까지 오명을 얻었고, 그의 자손들도 이런저런 황당한 일을 당해야 했다.

주원장으로 하여금 이런 이상한 일들을 하도록 만든 심리적 요인은 무엇이었을까?

---

34 - 명대의 개국황제로, 묘호는 태조이며, 재위기간은 30년(1368~1398년)이다.

35 - 승상 호유용이 반역을 꾀했다는 밀고를 받고 개국공신과 장수들을 대대적으로 처단한 사건. 또 다른 정치적 사건인 남옥藍玉 사건과 함께 '호람지옥胡藍之獄'이라고도 한다. 홍무 1년(1380년)에 시작되어 홍무 25년에 끝났다.

36 - 금의위는 각종 정찰 업무와 정보 수집, 대신들 간의 교류 통제, 황명 출납 등을 담당하는 기구였으나 직권으로 사화를 만들어내어 정적을 무너뜨림으로써 신분 상승을 위한 도구로 변질되었다.

진시황을 뛰어넘는 잔혹함으로
권력을 휘두르다

승상제를 폐지한 것은 중국 역사상 유례가 없는 일이었다. 주원장은 홍무洪武 10년에 호유용胡惟庸 사건[35]을 처리한 뒤 다음과 같은 조서를 내렸다.

'일찍이 삼공(三公, 최고위 재상)이 도를 논하고 육경(六卿, 육조의 판서)이 직분을 나누어 담당한 이래, 승상을 두었다는 말을 들어본 일이 없다. 진시황 때 잠시 승상직이 있었으나 오래가지 못했고, 한·당·송대에 어진 재상이 있었다고는 하나 그중에는 소인이 많아 권한을 함부로 휘두르며 정사를 어지럽혔다. 이제 승상제를 폐하고 5부府와 6부部를 설치하노니, 이로써 널리 관원을 감찰하고 두루 정사政司를 통하게 할 것이다. 대리시大理寺 등 아문이 세세한 일을 나누어 맡고, 조정에서 이를 총괄하기로 한다. 이후의 군왕들도 승상을 따로 설치하지 말 것이며, 신하들도 승장 설치를 청하지 말라.'

주원장은 승상제를 폐지한 뒤 이부, 병부, 공부, 형부, 호부, 예부 등 6부의 지위를 높여 각 부가 황궁의 일을 직접 책임지도록 했다. 이것이 바로 '조정에서 모든 일을 총괄하기로 한다'라는 말의 의미다. 주원장은 황권에 승상의 권한까지 포함시킴으로써 중국 역사에서 가장 막강한 권력을 휘두를 수 있는 제왕이 되었다.

금의위[36]는 본래 주원장이 신하들을 감시·통제하기 위해 만든 기구였다. 개국공신들의 위세가 자신의 권력을 위협할까 두려웠던 주원장은 조정 안팎에 눈과 귀를 심어놓고 신하들을 철저히 감시했다. 눈과 귀들은 수시로 황궁에 드나들며 대신들의 생활을 상세하게 보고했다. 주원장은 보고를 들으면서 자신이 제거해야 할 정적이 누구인지를 선별했다.

정장[37]은 주원장이 신하들을 압박하기 위해 만든 형벌이었다. 주원장은 조정에 입회한 신하들 가운데 자신의 심기를 거스르는 자가 있으면, 그 자리에서 바로 장형을 명했다. 장형을 당한 신하는 대부분 죽거나 장독으로 불구가 되었고, 장형을 당한 뒤에는 먼 곳으로 충군(充軍, 죄인을 먼 곳으로 유배보내 군역에 종사하게 했다 – 옮긴이)되었다. 장형은 사대부들의 육신과 영혼에 이루 말할 수 없는 상처를 입혔지만, 주원장과 후대의 황제들은 정장을 즐겨 활용했다. 정장은 나중에 금의위 형리들의 중요한 권력 수단이 되었다.

구족멸살은 주원장의 발명품 중에서도 가장 잔혹한 형벌이었다. 홍무 26년에 금의위 관원 하나가 남옥이란 자의 모반[38]을 밀고해왔다. 남옥이 경천후景川侯 조진曹震 등과 함께 주원장이 출궁할 때를 기다려 주원장을 암살하려 했다는 것이다. 당시 이 사건에 연루되어 목숨을 잃은 사람만 1만 5,000여 명이었다. 그 이전에도 호유용이라는 자의 역모사건이 있었는데, 두 사건으로 죽은 사람이 2만여 명에 이르렀다. 주원장은 두 사건의 전말을 「소시간당록昭示奸黨錄」으로 써서 전국에 공포했다. 두 사건을 통해 주원장은 중국 역사상 최초로 죄가 분명하지 않아도 삼족을 멸할 수 있는 법을 제정한 황제가 되었다. 이를 두고 청대의 역사가 조익曹翼은 "오직 명대의 황제만이 공신들의 도움을 받아 천하를 얻고 난 뒤 천하의 모든 사람들을 잡아죽일 듯 잔인하게 굴었다. 교활하고도 잔악한 그 본성은 천고에 없는 것이었다"[39]라고 말했다. 과거에도 자신의 뜻을 거스르는 자들을 죽음으로 다스리는 군왕이 없지는 않았지만 아나나 주원장처럼 죄 없는 이들까지 대대적으로 연루시켜 구족을 멸하는 황제는 없었다.

한 무제 유수劉秀, 당 태종 이세민李世民, 송 태조 조광윤趙匡胤 같은 개국황제들은 널리 신하를 중용하고 관대하게 대했다. 그러나 같은 개국황제인 주원장만은 진시황 영정嬴政을 능가하는 잔혹함을 보였다.

주원장을 이렇게 만든 심리적 요인은 무엇이었을까?

예문 정장이란 무엇인가

주원장은 자신의 심기를 건드리는 신하가 있으면 그 자리에서 관복을 벗기고 두 손을 묶은 뒤 오문(午門, 자금성 정문)으로 끌고 가도록 했다. 오문에는 사례태감司禮太監과 금의위 지휘사가 기다리고 있었다. "타打!" 소리가 떨어지면 포대로 둘둘 만 신하에게 몽둥이질이 쏟아졌다. 형을 집행하는 옥리들은 금의위의 훈련된 교위校尉들이었다. 장형을 받는 신하의 생사 여부는 사례태감과 금의위 지휘사의 암시에 달려 있었다. 태감과 지휘사가 자리를 팔자八字로 벌리고 있으면 장형을 당하는 신하를 살려두라는 뜻이었고, 발끝을 뾰족하게 오므리고 있으면 죽이라는 뜻이었다. 장형이 끝나면 금의위 교위가 포대를 털어 신하를 바닥에 내동댕이

---

37 - 신하의 두 손을 묶고 엉덩이와 허벅지를 때리는 형벌로, 금의위에서 집행했다.

38 - 남옥안. 양국공凉國公 남옥은 명 왕조의 개국장수였는데, 주원장은 남옥이 자신의 공을 내세우며 이런저런 대우를 요구해온다고 생각하고 있었다. 홍무 26년(1393년) 2월, 남옥이 군사를 모아 주원장이 제를 지내기 위해 출궁하는 것을 노려 주원장을 암살하려 했다는 금의위의 밀고가 있자 주원장은 그 즉시 '모반죄'를 적용, 남옥은 사형으로 다스리고, 재산을 몰수하고, 삼족을 멸하라고 지시했다. 총 1만5,000여 명이 연루되어 목숨을 잃은 이 사건을 '남옥안'이라고 한다.

39 - 『입이사예기卄二史禮記』권 32 '호람지옥' 편.

쳤다. 장형을 당한 신하는 그 자리에서 당장 죽지 않더라도 결국은 목숨을 잃고 마는 경우가 많았다.

타이완의 역사학자 바이양柏楊은 "아무리 건장한 사람이라도 80대 이상을 맞으면 견디기 어렵고, 100대 이상 맞으면 죽을 수 있다"라고 말한다. 설령 죽지 않았다 해도 장형을 당하고 나면 살점이 거의 다 뜯겨나가기 때문에 반년 이상 치료를 받아야 했다. 정장을 집행하기 위해 특수훈련을 받은 금의위 교위들은 뇌물을 받고 몽둥이질을 교묘하게 해서 맞는 사람이 고통을 덜 느끼도록 하기도 했다. 반대로 뇌물을 받지 않은 경우에는 보기엔 가볍게 때리는 것 같아도 30~40대 만에 몸의 혈관이 다 끊어질 정도로 고통스럽게 매질했다. 그렇게 장형을 당한 사람은 대개 온몸이 찢어지고 피투성이가 되어 즉사했다.[40]

권력불안이 초래한 '어두운' 제왕

승상제를 폐지하고 신하들을 과도하게 통제했던 주원장의 행동을 심리학에서는 권력불안Imperial Power Anxiety으로 설명한다. 불안은 기대한 목표에 도달하지 못할 때 느끼는 긴장과 좌절 등의 정서를 가리킨다. 불안은 심리적으로 걱정과 근심을 불러일으켜 초조하게 만들고, 생리적으로는 심장이 뛰고 호흡이 가빠지며 피부의 긴장과 위장장애를 일으키고, 잠

---

40 – 보양柏杨, 『중국인 역사개요中國人史綱』, 시대문예출판사, 1987년, pp. 702~703. 한국에서는 『맨얼굴의 중국사』로 번역 출판되었다.

을 편히 잘 수 없게 한다. 오랜 시간을 불안 속에서 살면 불안장애Anxiety Disorder가 생기는데, 불안장애에 걸린 사람은 하루 종일 누워 있어도 마음이 불편하고, 머릿속은 근심으로 가득해서 작은 일에도 쉽게 화를 내고, 외부 사물에 과도하게 민감한 반응을 보인다.

주원장의 권력불안은 개국공신들에 대한 불신과 정탐 행동으로 나타났다. 그는 문신들이 자신의 비천한 출신을 비웃지 않을까, 혹은 무신들이 그의 황제 지위를 찬탈하지나 않을까 늘 전전긍긍했다. 그의 권력불안은 시간이 흐를수록 심해져서 무신들이 반역을 꾀하고 있는 정보와 무신들이 자신을 비웃고 있다는 증거를 모으는 데 더욱 혈안이 되었다. 이렇게 늘 긴장과 의심 속에서 살다 보니 성격은 더욱 괴팍하고 잔혹해져만 갔다.

권력불안이 커지면 커질수록 그는 신권臣權을 용납할 수가 없었다. 신하들의 직위 가운데 가장 높은 승상은 그에게 황권을 위협하는 자리일 뿐이었다. 승상은 본래 군주를 보좌하여 정무를 처리하는 자리였다. 한대의 재상이었던 진평陳平은 승상에 대해 "위로는 천자를 모시며 음양과 사시四時에 순응하고, 아래로는 백성을 돌보고 여러 사물을 밝히며, 밖으로는 오랑캐와 제후들을 다스리고, 안으로는 신하들이 제 역할을 다하도록 살피는 이"라고 말한 바 있다. 그러나 주원장에게 승상이란 틈만 나면 반역을 도모하는, 황권을 위협하는 자에 지나지 않았다. 지금은 호유용 하나만 발각되었지만, 언제 다시 제2, 제3의 호유용이 나타날지 알 수 없었다. 이런 위험을 근본적으로 뿌리 뽑을 방법은 어느 누구도 황제에 버금가는 권력을 가질 수 없도록 승상 자체를 없애는 것뿐이었다.

사실 권력불안은 제왕이라면 누구나 조금씩은 가지고 있는 심리다. 주원장은 당 태종이 포의재상布衣宰相에게 권력을 나누어주고 선정을 베풀었다거나, 송 태조가 한잔 술로 개국공신들이 병권을 놓게 만들었다는 '배주석병권杯酒釋兵權' 일화를 믿지 않았다. 자신의 권력을 오래오래 유지하기 위해서는 모든 개국공신을 숙청해야 한다고 생각했다. 다른 개국황제들도 대체로 그런 생각을 했을 것이다. 그러나 그들은 생각은 있었어도 행동으로 옮기지 못했는데, 주원장만은 100퍼센트 행동으로 옮겼다. 그에게는 권력불안이 있었기 때문이다!

　주원장의 의심은 늙을수록 더욱 심해져서 아주 사소한 일로 심기가 상하면 바로 그 사람을 죽일 생각부터 했다. 일단 사람을 죽이기로 마음먹으면 절대로 중도에 자비를 베푸는 일이 없었고, 살인의 잔혹성은 시간이 흐를수록 더해지기만 했다. 그러다가 생각해낸 형벌이 '구족멸살'이었다. 그는 누구 하나를 죽이기로 마음먹으면 관련자를 끊임없이 엮어 색출하고, 그들 중 한 사람도 빼놓지 않고 다 죽여야 안심했다. 이런 '구족멸살' 때문에 황권은 비정상적으로 비대해져갔고, 황권의 보위를 담당하는 금의위마저 자신들의 입맛대로 사람들을 잡아 죽이며 권력을 함부로 휘둘렀다.

　파슨스Parsons 원리에 따르면, 정부기관에서는 상급자가 하급자를 선발할 때 자신보다 똑똑하거나 능력 있는 사람은 선발하지 않는 경향이 있다고 한다. 열등감이나 권력불안이 있는 상급자는 능력이 뛰어난 부하를 곁에 두지 못하는 것이다. 주원장은 자신의 힘으로 황제 자리까지 오른 게 아니라 어쩌다 보니 그 자리에 앉게 된 사람이었다. 그에게는 "짐이 곧 천하다"라고 선언할 만한 대범함도 없었고, "내가 아니면 누가 황제가 되랴" 하는 기백도 없었다. 주원장은 '후흑학(厚黑學, 두꺼운 얼굴 또는 시꺼먼 속마음이라는 뜻으로, 속마음을 감추고 상대의 마음을 얻어 권력과 이익을 얻는 처세론 - 옮긴이)'을 대변하는 인물이었지만, 얼굴은 '두껍厚'지 못한 채 마음만 지나치게 '어두운黑' 제왕이었다(표 13-1).

어리석은 결정 속에 숨겨진 비극의 씨앗

주원장은 특유의 권력불안 때문에 자신의 권력은 공고히 지켰지만 후대에 이루 말할 수 없는 해악을 끼쳤다.

주원장은 중서성과 승상직을 없애고, 황궁에서 6부의 일을 통제하도록 정무기구를 재편했다. 그러나 자신은 그렇게 할 수 있어도 자손들은 그렇게 하기 어렵다는 사실을 주원장은 알지 못했다. 특히 무종武宗, 세종世宗, 희종熹宗 등은 몸만 황제 자리에 앉은 채 사도邪道에 빠져 조정의 모든 업무를 대신들에게 떠넘기다시피 했다. 주원장은 승상 대신 태감이 정무를 어지럽힐 수도 있다고 판단하여 홍무 17년에 '내신內臣은 정무에 관여할 수 없다'라고 쓴 철패鐵牌를 궁문 앞에 걸어두었다. 이어 어느 누구도 승상을 다시 둘 수 없게 하는 규정도 만들었다. 그러나 그 결과는 중국 역사상 가장 큰 폐단이었던 태감들(위충현魏忠賢, 류근劉瑾, 전녕錢寧)의 권력 농단을 부르고 말았다.

주원장은 금의위가 권력 농단으로 국정을 어지럽히거나, 엄당(閹黨, 환관 집단)이 권력을 키워 조정에 끊임없는 우환이 되리라고는 예상치 못했다. 여기에 주원장이 '정장'까지 만들어내자 신하들은 입조할 때마다 생사를 염려할 지경에 이르렀다. 정장이 존재하는 한 평민, 귀족을 불문하고 누

〈표 13-1〉 주원장의 권력불안

불안의 표현	해소 방법	사건
공신들에 대한 질투	금의위를 통해 공신들을 잡아 죽이고 구족멸살함	• 호유용 사건으로 10년에 걸쳐 3만여 명을 죽이고 『역당록逆黨錄』을 편찬했다. • 남옥 사건으로 1만5,000여 명을 죽이고 『소시간당록』을 편찬했다. • 주원장의 수양조카 주정문朱正文은 개국 이전 주원장의 반대파였던 진우량陳友諒과 싸워 이긴 공을 세웠지만 "유생을 가까이하더니 가슴에 원망을 가득 품고 있다"는 이유로 채찍에 맞아 죽었다. • 이민족 정벌로 큰 공을 세운 수양조카 이문충李文忠은 주위에 유생을 거느리고 현자를 우대했다는 이유로 독살되었고, 이문충의 곁에 있던 의원과 시비侍婢 60여 명도 모두 죽음을 당했다.
신하들에 대한 의심	정장을 발명함	• 누구든 100대 이상 맞으면 그 자리에서 즉사했다. • 즉사하지 않았다 해도 미치거나 불구가 되었고, 먼 곳으로 충군되었다. 홍무 9년(1376년)까지 봉양鳳陽으로 유배된 사람만 1만 명이 넘었다.
필화 사건을 만들어냄	문자옥文字獄을 일으킴	• 주원장은 절강부학浙江府學의 교수 임원량林元亮이 쓴 「사증봉표謝增俸表」에서 '작칙수헌(作則垂憲, 법칙을 만들어 모범을 나타낸다)'이라는 구절을 보고, '작칙(중국어 발음 zuo ze)'이 과거 자신의 도적 생활(做賊, 중국어 발음 zuo zei)을 비웃는 말이라고 여기고 임원량을 죽였다. • 주원장은 항주부학杭州府學의 교수 서일기徐一夔가 쓴 하표(賀表, 아부하는 문장)에서 '광천지하, 천생성인, 위세작칙(光天之下, 天生聖人, 爲世作則. 하늘은 빛나는 하늘 아래 성인을 낳아 세상을 다스리는 법칙으로 삼았다)'이라는 문장을 보고, '광천지하'가 과거 자신의 승려 생활을 비웃는 말이라고 분노하여 서일기를 죽였다('광光'은 중국어로 '대머리'를 뜻하기도 한다-옮긴이). • 주원장은 위씨현학尉氏縣學의 교수 허원許元이 쓴 하표를 보고, '조식태평(藻飾太平, 태평성대를 장식하다)'이라는 말이 '조실재평(早失太平, 일찍 태평을 잃다)'을 뜻하는 것이 아니냐며 허원을 죽였다(중국어로는 '식飾'과 '실失'의 발음이 모두 'shi'다-옮긴이).

구도 온전한 인성을 유지할 수 없었다. 주원장의 아들 주체(朱棣, 1360～1424)[41]는 주원장이 만든 '족군도살법 族群屠殺法'에 근거하여 '십족멸살'[42]이라는 선례를 남기기도 했다. 공신 숙청은 새로운 왕조가 들어설 때마다 흔히 있는 일이지만, 주원장처럼 공신들을 무자비하게 잡아들여 죽이는 개국황제는 없었다.

주원장의 12대 자손인 주유검(朱由檢, 1610～1644)[43]이 황제로 있을 때 나라가 망한 것은 주원장이 승상을 없애고, 금의위를 설치하고, 공신들을 모두 죽인 것과도 관련이 있었다. 주유검은 황제로서 자신의 역할을 다했지만 12대에 걸쳐 쌓인 부패의 병독이 치유 불가능할 만큼 온 나라에 퍼져 있었기 때문이다.

명 왕조의 비극은 주원장의 어리석은 결정 속에 모든 씨앗이 숨겨져 있었다 해도 과언이 아니다.

예문 괴로움에 시달리다 죽은 태자 주표

주원장이 공신들을 죽이고 있다는 소식을 들은 태자 주표朱標가 주원장을 찾아갔다.

---

41 – 주원장의 넷째아들로, 명의 3대 황제이다. 건문建文 원년(1399년)에 정난靖難의 변을 일으키면서 군대를 동원, 건문 4년(1463년)에 경사(京師, 현 장쑤성 난징 南京)를 함락하고 건문제(주원장의 손자)의 제위를 찬탈했다.

42 – 사료에는 주체가 남경성을 무너뜨린 뒤 방효유方孝孺에게 자신이 황위를 계승한다는 내용의 조서를 쓰도록 명했다고 기록되어 있다. 그러나 방효유가 따르지 않자 화가 난 주체가 "너는 구족멸살이 두렵지 않느냐?"라고 물었다. 이에 방효유는 "십족을 멸한다 해도 소인은 할 수 없나이다"라고 대답했다. 주체는 방효유의 시신을 만 토막 내고 구족을 멸한 뒤, 방효유에게 수학하던 학생 870여 명까지 모두 죽였다.

43 – 묘호는 의종毅宗, 연호는 숭정崇禎帝이며, 명 왕조의 마지막 황제다.

"이선장(李善長, 1314~1390, 명대의 개국공신 - 옮긴이)이 또 멸문의 화를 당했다고 들었사옵니다. 아바마마, 이렇게 많은 신하를 죽이시면……."

그러나 주원장은 태자의 말을 가로막았다.

"너는 상관 말고 물러가거라!"

다음 날 주원장이 다시 주표를 불렀다. 바닥에는 가시가 가득 꽂힌 몽둥이가 놓여 있었다. 주원장은 태자에게 그 몽둥이를 집어 들어보라고 말했다.

태자는 가시 때문에 어찌해야 할지 몰랐다. 태자의 표정을 본 주원장이 말했다.

"가시에 찔릴까 두렵겠지. 내가 지금 신하들을 죽이는 것은 이 가시들을 뽑아 네가 몽둥이를 편히 잡을 수 있게 하기 위해서다."

그러나 주표는 부자 간에 자애가 있듯 군신 간에도 은혜가 있어야 한다고 생각했다.

"아바마마께서 제게 주신 성현들의 책에는 '위로는 요순堯舜 임금과 같은 군주가 있고, 아래로는 요순 시절의 신하가 있다'라고 했습니다. 주살로는 결코 우환을 없앨 수 없다고……."

주원장은 말로 가르쳐서는 안 되겠다 싶어 탁자 위에 있던 필통을 태자에게 집어던졌다. 기겁을 한 주표는 밖으로 뛰쳐나갔다.

며칠 후 주표는 또다시 자신의 스승인 송렴宋濂이 벌을 받아 죽게 되었다는 소식을 들었다. 그는 즉시 주원장에게 달려가 애원했다.

"아바마마, 소자에게는 다른 스승이 없사옵니다. 부디 소자를 긍휼히 여기시어 스승의 죽음만은 면하게 해주시옵소서."

주표는 그렇게 말하고는 자진을 하려고 물속에 뛰어들었다. 다행히 주위에 있던 관원들 덕분에 목숨은 구했지만, 주원장의 입에서는 질타가 쏟아졌다.

"이런 어리석은 놈! 네 어찌 감히 내가 하는 일에 나선단 말이냐!"

하루는 원개袁凱라는 어사가 태자 주표에게 어떤 사건의 서류 하나를 가져온 일이 있었다. 태자는 그 사건을 너그럽게 처리했으면 좋겠다고 말했다. 원개가 이 사실을 주원장에게 알리자 주원장이 물었다.

"나는 그자를 죽이려고 하는데 태자는 또 선처를 바라는구나. 너는 누가 옳다고 생각하느냐?"

원개는 어떻게 대답해야 할지 난감했다.

"폐하께서 하시려는 일은 법을 지키기 위함이요, 태자께서 바라시는 것은 자비로운 마음을 베푸는 것이라 사료되옵니다."

그러자 주원장은 원개의 대답이 교묘하게 환심을 얻어 빠져나가려는 수작이라며 버럭 화를 냈다. 놀란 원개는 주원장이 자신을 죽일까 두려워 아예 미친 척을 해야겠다고 마음먹었다.

주원장은 사람을 보내 원개가 정말 실성했는지 확인해보라고 지시했다. 돌아온 사자가 말했다.

"송곳으로 자기 살을 찌르면서 관직을 받으라고 말해도 들은 체도 안 했습니다. 그래서 쇠사슬로 목을 감고 흔들었더니 그자가 헛소리를 하면서 울타리를 잡고 개똥을 집어 먹었습니다. 실성한 것이 틀림없습니다."

주표는 그렇게 아버지 때문에 죄 없이 죽어나가는 사람들을 보며 시름시름 앓다가 세상을 떠났다. 주원장은 자신의 아들이 죽었는데도 날로 광기가 더해갔다. 그는 죽기 직전까지도 부우덕傅友德, 풍승馮勝 등 얼마 남지 않은 공신들을 죽일 계획에 몰두했다고 한다.

당 태종 이세민의 감화력

당 태종 이세민은 기용한 인재를 의심하지 않고 신하들을 자애롭게 대한 황제였다. 임금 한 사람이 천하를 다스린다고 생각하지 않았던 그는 적극적으로 인재를 구하고 그들에게 도움을 구했다. 그는 그렇게 황제의 독단을 배제하고, 인재의 장점을 취하며 신하들과 한마음으로 협력하고자 했다. 당 태종은 수 문제처럼 '모든 일은 황제가 결정해야 한다'라고 믿지 않았다. 그가 생각하는 황제란 '널리 인재를 모으고, 넓은 시야를 유지하며, 법을 공정하게 집행하는' 사람이었다.

그는 권력으로 신하들을 옥죄는 대신 아낌없이 신뢰를 베풀어 신하들을 감화시키는 군주였다. 조조에 대해서도 그는 "위 무제(조조)처럼 속임수 가득한 마음으로 어찌 군령을 집행할 수 있단 말인가!"라고 말하기도 했다. 당 태종이 황제에 즉위하기 전, 진왕秦王으로 있던 시절에 반란군 수장인 유무주劉武周 휘하의 장수 심상尋相과 위지경덕尉遲敬德이 당의 군대에 투항해온 일이 있었다. 그런데 얼마 지나지 않아 심상이 당군을 배반하고 떠나자 당군의 굴돌통屈突通과 은개산殷開山 등은 심상과 함께 투항했던 위지경덕을 가두고 죽이려고 했다. 이 소식을 들은 이세민은 위지경덕은 다른 마음을 품고 있지 않을 것이라고 말하면서 위지경덕을 풀어주었다.

"장부는 사소한 의심을 품지 않는 법, 짐은 결코 근거 없는 소문 때문에 충성스런 신하를 버리지 않을 것이다."

위지경덕은 이세민의 말에 큰 감동을 받았다. 그리고 바로 그날, 그 감동에 보답할 기회가 있었다. 이세민이 왕세충王世充이란 자에게 사로잡혀

위급한 상황에 처하자 위지경덕이 용감하게 뛰어들어 이세민을 구해낸 것이다.

정관貞觀 6년에는 감찰어사 진사합陳師合이 두여회杜如晦의 권세가 지나치게 커졌다면서 한 사람에게 여러 관직을 주어서는 안 된다는 내용의 상소를 올렸다. 상소를 본 이세민이 대주戴冑에게 말했다.

"짐이 방현령房玄齡과 두여회를 기용한 것은 그들의 공적이 훌륭해서가 아니라 재능이 뛰어나서다. 이 상소는 참언讒言으로 짐과 신하 사이를 이간하고 있구나. 촉한의 후주(後主, 유비의 아들)가 유약하고 제나라 문선文宣이 광폭하였음에도 나라를 다스리는 데 아무 문제가 없었던 것은 제갈량, 양존언楊尊彦 같은 신하들의 보필이 있었기 때문이다. 짐에게는 두여회가 곧 제갈량이자 양존언이다."

결국 이세민은 두여회의 권력을 박탈하지 않았다. 오히려 진사합의 참언에 놀아나는 무리가 없도록 진사합을 먼 곳으로 유배를 보냈다. 이세민은 그렇게 해서 널리 신하들의 충성을 이끌어냈다.

정관 연간에는 위정魏征이란 자가 이건성(李建成, 당 고조의 태자)의 세마洗馬로 임명되는 일이 있었다. 그러자 누군가가 위정이란 자는 황실 친척들의 비위를 맞추고 다닌다고 고변해왔다. 이세민은 온언부溫彦博에게 사실을 정확히 조사해보라고 지시했으나 이렇다 할 죄상은 드러나지 않았다. 이세민은 위정에게 "혐의에서 완전히 벗어나기는 어려운 일"이라면서 "평소 아무리 공평무사했더라도 일말의 책임은 져야 할 것이다. 오늘 이후로도 참언의 여파가 가시지는 않을 것"이라고 주의를 주었다. 그런데 며칠 후 위정이 다시 이세민을 찾아와 아뢰었다.

"군신 간에는 한마음으로 협력해야 한다고 들었사옵니다. 세상 모든 군주가 합당한 도를 따르기보다 참언의 여파를 더 중시한다면, 그 나라의 흥망은 어찌 되겠나이까."

그러자 이세민은 곧바로 "짐이 뉘우치겠다"라고 대답했다.

이세민은 만년에 집필한 『제범帝範』에서 "나라를 다스리기 위해서는 반드시 어질고 충성스런 신하를 얻어야 한다. 인재를 얻으면 천하는 저절로 다스려진다", "황금 수천 냥이 현명한 인재 한 사람보다 중하지는 않다"라고 말했다. 이토록 인재에 목말라했던 이세민은 일단 기용한 인재에 대해서는 함부로 의심하지 않았고, 아낌없는 배려로 신하들을 감복시켰다.

예문 불안성(회피성) 인격장애

불안은 중요한 의사결정을 해야 하는 사람이라면 흔히 느끼는 감정으로, 현실이나 예감에 대한 복잡한 정서 상태를 가리킨다. 불안을 느끼면 자신감과 자존감을 잃고, 실패할 것 같은 느낌과 부끄러움 등이 뒤섞인 복잡한 감정을 느낀다. 이어 긴장, 불안, 우려, 공포 등의 감정이 뒤따른다. 불안은 의사결정의 불확실성을 다루는 과정에서 발생하는 반응이기도 하다. 그래서 결정해야 할 문제를 더욱 냉정하게 바라볼 수 있도록 하는 역할도 한다. 그러나 불안 때문에 잘못된 결정을 내릴 수도 있고, 잘못된 결정은 다시금 불안을 야기하는 악순환에 빠질 가능성도 있다. 불안이 오래 지속되면 인격의 일부가 되어 불안성 인격장애를 갖게 되는데, 중국의 정신질환 분류와 진단 표준CCMD-3에서는 불안성 인격장애의 판단 기준을 다음과 같이 제시한다.

불안성 인격장애자는 지속적인 긴장과 걱정, 안전하지 않다는 느낌, 자기비하 등을 보이며, 사람들에게 남다른 호의와 수용을 요구하고 타인의 거절과 비판에 민감하게 반응한다는 특징이 있다. 또한 불안성 인격장애자는 일상에 잠재된 위험을 과대평가하기 때문에 위험할 것 같다고 느껴지는 모든 활동은 회피하는 경향을 보인다.

(1) 인격장애 진단 표준에 부합하는 경우

(2) 지속적인 긴장감을 갖고 지나치게 많은 문제를 걱정하는 것이 특징이며, 다음 증상 가운데 세 가지 이상을 충족하는 경우

- 자아에 대한 민감성, 안전하지 않다는 느낌, 지속적인 자기비하 행동
- 자신에 대한 타인의 비판이나 배척에 지나치게 민감하게 반응
- 끊임없이 사람들에게 환영받고 받아들여지기를 요구
- 자신이 사람들에게 받아들여지거나 비판받지 않을 것이라는 보장이 없으면 타인과의 관계 자체를 거절
- 일상에 잠재된 위험요소를 과대평가하는 습관 때문에 특정 활동을 회피
- '안전'과 '안정감'에 대한 요구가 강하여 일상생활에 제약이 많음

제 **14** 장

닉슨 :
무엇이 워터게이트 사건을
일으켰을까

미국의 유명한 정치가 닉슨은 1972년 2월 중국을 방문하여 중국의 저우언라이 총리와 함께 연합성명을 발표하고, 미중관계의 새 장을 연 인물이다. 이토록 눈부신 업적을 세운 그도 의사결정 과정의 사소한 실수로 한순간에 자신의 정치인생을 마감하고 말았다. 그 사소한 실수의 이면에는 어떤 심리학적 이유가 있었을까?

작은 실수가 정치 스캔들의 상징이 되다

　　닉슨을 한순간에 무너뜨린 작은 실수는 다름 아닌 '워터게이트' 사건(Watergate Affair, 닉슨의 재선을 획책하는 비밀공작반이 워싱턴의 워터게이트 빌딩에 있는 민주당 전국위원회 본부에 침입하여 도청장치를 설치하려다 발각되어 체포된 사건 - 옮긴이)이었다.

　　워터게이트는 미국의 정치뿐 아니라 전 세계에 큰 영향을 미친 정치적 스캔들이다. 이 사건이 있은 뒤로 정권이 위기를 맞거나 추문에 시달리게 되면 언론에서는 흔히 '게이트'라는 말을 붙이기 시작했다.

1972년 당시, 닉슨은 연임을 노리는 대선후보였다. 전 임기의 국정 평가가 나쁘지 않았기 때문에 많은 정치평론가들이 닉슨의 연임을 무난하게 점치고 있었다. 그러나 정작 닉슨 스스로는 자신감이 없었다. 대선에서 과연 승리할 수 있을지도 의심스럽기만 했다. 그래서 그는 민주당의 대선정책을 도청하기 위해 1972년 6월 17일, 부하직원에게 워싱턴에 있는 워터게이트 빌딩의 민주당 전국위원회 사무실에 도청장치를 설치하라고 지시했다. 그런데 그 부하직원이 경찰에 체포되는 바람에 자신이 도청을 하려고 했다는 사실이 발각되고 만 것이었다.

닉슨은 책임에서 벗어나기 위해 어떻게든 사건을 덮으려고 했다. 그러나 경찰이 사건을 조사해 들어갈수록 닉슨 정부의 관계자들이 하나둘 연루된 사실이 밝혀지면서 닉슨 본인의 혐의도 점차 드러나기 시작했다. 이 사건은 곧 헌법 질서의 위기로 비화되었다. 1973년 10월 23일, 미국 중의원은 사법위원회의 조사 끝에 닉슨의 범죄 증거를 찾아내고, 닉슨에 대한 탄핵안을 준비했다. 1974년 6월 25일, 사법위원회는 닉슨의 도청 관련 증거를 모두 인정하고 탄핵안을 발표하기로 결의했다.

7월 말 사법위원회에서는 닉슨 탄핵에 관한 3개 조항을 통과시켰다. 사법계와 언론, 여론까지 합세한 압박 때문이었을까? 닉슨은 연임에 성공했지만 스스로 대통령직에서 물러나야 했다. 미국 역사상 최초의 대통령 사직이었다. 닉슨은 연임이 확실시되고 있었으므로 사실 상대 정당을 도청할 필요가 없었다. 그런데 그는 도대체 무엇 때문에 하지 않아도 될 실수를 하고 말았던 것일까?

'나는 이런 사람이어야 한다'는
믿음을 버려라

바로 열등감 때문이었다.

열등감이 있는 사람은 자기평가가 낮고 소극적이어서 일을 과감하게 추진하지 못한다. 중요한 결정을 앞두고도 마음을 정하지 못하는 우유부단함을 보인다. 오스트리아의 심리학자 아들러는 열등감이 심리발달 과정에서 매우 중요한 역할을 한다고 말했다. 모든 사람은 육체적 심리적 결함을 타고나는데, 이 결함에 대한 인식 때문에 누구든 무의식에는 열등감이 도사리고 있다. 이 열등감을 해결하는 방식에 따라 그 사람의 행동 특성이 결정된다. 많은 정신병리 현상도 열등감을 처리하는 문제와 관련이 있다. 에릭슨(Erik Homburger Erikson, 1902~1994)의 성격발달 이론에 따르면, 주로 6세에서 11세 사이에 향상심이나 열등감 혹은 자포자기 성향이 결정된다고 한다.

열등감이 형성되는 이유는 우리가 흔히 생각하는 것과는 차이가 있다. 사람들은 대체로 현실적인 기준으로 자기 자신을 평가하지 않는다. 자신이 달성해야 한다고 여기는 목표, 즉 '나는 이런 사람이어야 한다'는 믿음이 자기평가의 기준이 된다. 그 기준과의 괴리가 클 때 열등감이라든가 억울함, 자책감이 생기는 것이다.

열등감은 언제 어디서나 만들어질 수 있다. 보통은 실패를 경험할 때 열등감을 느끼기 쉽다. 특히 여러 번에 걸쳐 실패가 반복되면 자신의 능력에 대한 의심이 생기고, 그런 식으로 자신감을 잃다 보면 실패의 이유를 항상 자신의 무능 탓으로 돌리게 된다. 열등감은 다른 사람들에게 낮은 평가를 받을 때도 생긴다. 특히 그것이 권위 있는 사람에게 받은 평가일수록 더욱 그러하다. 이렇게 생긴 열등감이 상당 기간 지속될 경우 그 사람은 점점 말수가 줄고 자아가 위축되다가 자포자기 상태에 이르게 된다. 반대로 오랫동안 열등감을 유발하지 않는 상황에 처해 있다 보면, 자기비하 경향이 있던 사람도 보통사람들처럼 살아갈 수 있게 된다.

아깝게 놓친 성공에 절망하지 마라

닉슨은 왜 자신감이 없었을까? 먼저 그의 인생에 있었던 실패 경험들을 살펴보자.

1913년에 캘리포니아 주에서 태어난 닉슨은 어려운 가정환경에서도 일찍부터 정치인이 되고자 하는 꿈을 키웠다. 휘티어Whittier 고등학교에 다닐 때에는 학생회 활동을 열심히 했으며 학생회장 선거에 출마했다. 당시 학생회장 선거는 위원회에서 후보 두 명을 추천하면 전교의 교사와 학생들의 투표로 최종 한 명을 뽑는 방식으로 진행되었는데, 닉슨은 많은 학생들과 선생님들의 지지를 받아 어렵지 않게 후보가 될 수 있었다. 그런데 최종 투표 당일, 예상치 못한 일이 일어났다. 별로 유명하지도 않았던 학생이 갑자기 두각을 나타내며 세를 모으기 시작하더니 결국 그 학생이 학생회장에 당선된 것이다. 어린 나이의 실패 경험은 닉슨에게 회복 불가능한 심리적 타격을 안겨주었다. 자신이 정치에 적합하지 않은 사람은 아닐까 하는 생각마저 들었다.

자신의 정치적 재능에 회의를 느낀 닉슨은 다른 쪽의 재능을 계발하기로 마음먹고 연극부에 들어갔다. 그러나 중요한 공연이 있을 때마다 닉슨은 어처구니없는 실수를 하곤 했다. 실수 때문에 공연을 망친 적도 한두 번이 아니었다. 그때마다 객석에서는 야유가 쏟아졌다. 공연에서 실수가 되풀이될수록 그는 더욱더 위축되어갔고, 한동안은 학교 친구들과 얼굴도 마주치기 힘들 정도가 되었다.

전교 수석으로 고등학교를 졸업한 닉슨은 하버드와 예일 대학에 동시에 합격하고도 어려운 가정형편 때문에 고향에 있는 휘티어 컬리지Wittier College에 입학했다. 대학을 졸업한 뒤에는 새롭게 법학을 공부하기 위해 듀크 대학에 진학했고, 그곳에서의 학업 성적도 매우 훌륭했다. 그런데 한창 미래에 대한 꿈에 부풀어 있을 때, 그는 또 한 번 마음의 상처를 안게 되었다. 여자친구 어머니의 반대 때문에 자신의 첫사랑이었던 여자와 헤어지게 된 것이었다. 그녀와는 6년 열애 끝에 결혼을 약속한 사이였다. 닉슨은 결혼을 앞두고 실연을 당하자 자신이 매력이 부족해서 연인이 떠났다는 자괴감에 시달려야 했다. 이 일로 자신감이 땅에 떨어진 닉슨은 훗날 대통령에 당선된 뒤에도 주위의 막료들이 언제 자신을 배반하고 떠날지 모른다는 불안감에 시달렸다.

여자친구와 헤어지고 1년 후, 닉슨은 법학대학원을 3등으로 졸업했다. 월가에 있는 법률사무소와 연방조사국의 변호사팀에 입사지원서를 냈다가 둘 다 최종 면접에서 떨어지고 말았다. 그는 좌절감을 안고 교향으로 내려가 어느 이름 없는 법률사무소에서 일을 하기 시작했다. 그러면서도 끊임없는 노력 끝에 캘리포니아 주 참의원에 당선되는 데 성공했고, 아이

〈표 14-1〉 닉슨의 패배 이력

연도	사건	영향
1929년	절대적 우세였던 학생회장 선거에서 막판에 등장한 '다크호스'에게 패배했다.	자신은 정치에 적합하지 않은 사람인가 하는 의심을 품게 되었다.
1929년	고등학교 연극부에서 연극 공연을 할 때마다 사소한 실수로 관객들의 야유를 받았다.	이후 사람들 앞에서 연설하는 것을 두려워하게 되었고, 연단에 선 자신의 모습이 매력적이지 않다고 여기게 되었다.
1930년	하버드와 예일 대학에 동시 합격하고도 가정형편 때문에 장학금을 받을 수 있는 지방대학을 선택했다.	실제 자신의 능력을 다 발휘하지 못하고 우울해했다.
1936년	여자친구 어머니의 반대 때문에, 6년 열애 끝에 결혼을 약속한 첫사랑 여자와 이별했다.	이때 경험한 극도의 슬픔과 자신의 매력에 대한 비관 때문에 자신의 주변 사람들조차 신뢰하지 못하게 되었다.
1937년	법률대학원 졸업 후 월가와 연방조사국에 입사 원서를 냈다가 둘 다 최종 면접에서 탈락했다.	고향 마을에 있는 작은 법률사무소에 취직하기로 했다.
1960년	대통령 선거에 출마했으나 득표율 0.2퍼센트 차이로 패배했다.	깊은 좌절과 패배감이 내면화되었다.
1962년	캘리포니아 주지사 선거에 출마했지만 근소한 표차로 다시 패배했다.	정계 은퇴를 결심하기에 이르렀다.

젠하워 장군에 의해 부통령 후보로 발탁되었다. 이후 그는 두 정부에서 부통령으로 일했다.

1960년에는 대통령 후보에 출마했다. 초반의 여론은 그에게 압도적으로 유리했다. 그런데 선거 당일, 당시로서는 정치 신인에 가까웠던 케네디에게 0.2퍼센트 표차로 대통령 자리를 빼앗기고 말았다(케네디의 득표율은 49.7퍼센트, 닉슨의 득표율은 49.5퍼센트였다). 그해의 대선 실패는 닉슨에게 이루 말할 수 없는 상심을 안겨주었다. 2년 후 그는 다시 캘리포니아 주지사 선거에 출마했지만, 또다시 근소한 차로 패배하고 말았다. '눈앞에서 아깝게 성공을 놓치는' 경험이 반복될수록 그의 절망은 극에 달했다. 결국 그는 정치계를 떠나 전업 법률가의 길을 걷기로 결심했다. 정계 은퇴를 발표하는 기자회견장에서까지 "이제 다시는 발로 차이는 기분을 겪고 싶지 않다"라는 울분에 찬 소감을 털어놓을 정도였다.

무언가를 번번이 눈앞에서 놓친 패배의 경험은 닉슨의 마음 깊은 곳에 뿌리 내린 상처였다(표 14-1).

열등감이 어리석은 결정으로 이끈다

닉슨의 성장과정을 보면 그가 안전감이 없는 상태로 살아왔으리라는 것을 짐작할 수 있다. 미국의 심리학자 매슬로(Abraham H. Maslow, 1908~1970)는 안전감이 심리적 건강과 자신감을 결정하는 중요한 요소라고 보았다. 인간은 안전감이 부족하면 심리적 발달이 정체되고, 안전감이 충분하면 자아실현과 같은 더 높은 차원의 목표를 추구하게 된다.

닉슨 정부에서 외교가로 활동했던 헨리 키신저는 닉슨이 자신의 역할에 대해 누구보다도 잘 알고 있었지만 과도한 자신감과 자기비하가 공존하는데다 우유부단한 성향도 강했다고 회고한다. 닉슨 대통령 캠프의 수석 경제고문이었던 앨런 그린스펀(Alan Greenspan, 1926~) 역시 닉슨은 윌슨 대통령(Thomas Woodrow Wilson, 1913~1921년 재임, 전 프린스턴 대학교 총장) 이후 가장 명민한 대통령이었지만 평소 언행에서는 자신감을 찾아보기

〈표 14-2〉 의사결정에 부정적 영향을 미치는 요소

	결과
주관적 요소	• 의사결정의 목표가 불분명하거나, 부적절한 목표를 설정한다. • 각종 사실에 대한 이해와 판단이 부적절하게 이루어진다. • 의사결정 주체의 성격에 결함이 있을 경우 과도한 자신감이나 자기비하가 나타난다. • 의사결정을 관성에 의존하면 결정이 편향된 취향에 휘둘릴 수 있다. • 객관적인 사실관계를 무시하는 교조주의의 오류를 범하기 쉽다. • 선택안의 실행 가능성을 충분히 고려하지 못한다. • 이전의 성공 경험을 과도하게 신뢰하는 경험주의의 오류를 범하기 쉽다. • 정확하고 합리적인 판단을 내릴 수 없어 무난한 표준안을 선택한다.
객관적 요소	• 결정한 내용과 현실 상황 사이의 괴리가 크다. • 결정안이 현실의 외부 환경에 부합하지 않을 수 있다. • 선택의 폭이 좁으면 생각의 폭도 좁아질 수 있다. • 의사결정이 현실의 변화 속도를 따라가지 못한다. • '지혜로운 이가 천 번을 생각해도 한 번의 실수는 생기게 마련'이라는 사고방식에 지배당하기 쉽다. • 결정안대로 실행하기 어려워한다. • 결정한 내용이 그 안과 관련된 사람들의 지지를 받지 못한다.

힘들었다고 말한 바 있다.

닉슨은 매번 눈앞의 성공을 안타깝게 놓치면서 이루 말할 수 없는 열등 감을 갖게 되었고, 마지막 순간에 무슨 일이 벌어질지 몰라 늘 조마조마 했다. 1972년 대통령 선거에서도 그는 바로 눈앞에서 성공을 놓칠 것만 같은 두려움을 떨치지 못했다. 그런데 여론조사에서는 닉슨의 지지율이 28퍼센트가 앞서 있다는 결과가 나왔다. 사실상 당선이 확실하다고 해도 좋은 수치였다. 그러나 늘 '막판의 변수' 앞에서 무너졌던 닉슨은 높은 지지율에도 불구하고 마음을 놓지 못하다가 기어이 '워터게이트'라는 악 수惡手를 두고 말았다.

의사결정은 결국 '사람'과 관련된 일이다. 사람의 판단으로 결정하고,

사람을 통해 그 결정이 실행되기 때문이다. 사람의 생각, 언행, 심리상태가 모두 의사결정의 성패에 영향을 미친다. 의사결정에 부정적 영향을 미치는 요소는 크게 주관적 요소와 객관적 요소로 나뉘는데(표 14-2), 그중에서도 주관적 요소에 속하는 개인의 성격 결함이 의사결정에 가장 큰 영향을 미친다.

닉슨의 경우에는 반복되는 실패 경험이 열등감과 자기비하로 이어졌고, 내면화된 열등감이 '워터게이트' 사건으로 폭발한 것이다.

그가 두려움을 내면화하게 된 것은 '간발의 차이' 때문이었지만, 그 결과는 의사결정 과정에서의 어마어마한 실수로 나타나고 말았다.

예문 케네디의 자신감

열등감의 반대는 자신감이다. 자신감이 있는 사람은 의사결정 과정의 위험을 감수하는 능력이 뛰어나 자신의 모든 능력을 거침없이 발휘할 수 있다. 1960년 대선에서 닉슨과 경쟁했던 케네디는 바로 이런 자신감을 갖춘 인물이었다.

1960년, 미국에서는 처음으로 TV 대선후보 토론이 펼쳐졌다. 민주당의 케네디와 공화당의 닉슨이 출연하는 세기의 TV 토론에 미국 시민 8,500만 명의 시선이 집중되었다.

당시 케네디는 매사추세츠 주의 참의원에 지나지 않았고, 여론조사에서도 당시 부통령이었던 닉슨에게 지지율이 한참 밀리고 있었다. 시청자들도 TV 앞에 앉기 전까지는 사려 깊고 유능한 닉슨이 토론을 주도할 것이라고 예상했다.

그러나 TV의 특성을 누구보다 잘 알고 있는 사람은 케네디였다. TV는 말의 내용만이 아니라 말하는 사람의 이미지도 전달하는 매체다. 그는 운동을 통해 근육을 단련하고, 표정에도 신경을 써서 시청자들에게 준수한 이미지로 다가가려고 노력했다.

TV 앞에 앉은 유권자들, 특히 여성 시청자들은 케네디의 건강한 이미지에 큰 매력을 느꼈다. 반면 딱딱한 표정으로 엄숙한 이야기만 늘어놓는 닉슨은 한 나라를 대표하는 대통령감으로는 어딘지 모르게 부적합하다는 인상을 주었다. 당시 케네디는 이렇다 할 정치적 업적이 없었다. 그런데 토론 마지막에 닉슨과 악수하면서 자신이 주도적으로 닉슨의 손을 잡고 흔들었다. 바로 이 장면 때문에 그는 닉슨보다 자신감 있는 사람으로 비쳤다.

TV 토론이 끝나자 케네디의 지지율이 닉슨을 제치고 올라가기 시작했으며, 그 여세는 대선 승리로 이어졌다. 선거가 끝난 후 케네디는 "TV가 대선 판도를 바꾸었던 것 같다"라고 말했다.

예문 열등감이란 무엇인가

열등감은 아들러의 『개인심리학』에 나오는 핵심 개념이다. 아들러는 이 책에서 사람들이 '우월성'을 추구하는 이유는 '열등감' 때문이라고 말한다. 열등감의 뿌리는 우리가 유년기에 경험하는 무능함이다. 아동은 이런 열등감에서 벗어나기 위해 '탁월한 목표'를 추구하는 '보상'에 매달리게 된다.

흥미롭게도, 아들러가 열등감이라는 개념을 제시하게 된 것은 그의 성장과정과 깊은 관련이 있다. 그에게는 자신보다 키도 크고 똑똑한 형이 있었다고 한다. 그는 늘 형의 그늘 아래서 지내며 형을 따라잡기 위해 노력했고, 그 결과 형을 뛰어넘는 성취를 이룩하는 데 성공할 수 있었다. 그 동력이 바로 열등감이었다.

제 **15** 장

스탈린 :
어떻게 히틀러를
이겼을까

1930년대 히틀러의 나치 세력이 전쟁 확대를 준비하고 있을 때였다. 다른 서방 국가들이 대외적 유화정책을 펴고 있는 데 반해 소련만은 이렇다 할 우방이 없었다. 국가안보가 걱정된 스탈린은 독일과 우호조약을 맺기로 하고, 1939년 9월 독일과 '독소 불가침 조약'을 체결한다. 나치 독일에 대한 순진한 믿음 때문이었을까? 스탈린은 이후의 전쟁에서 번번이 수동적인 입장에 처하기 일쑤였다. 그렇지만 그는 끊임없는 항전 끝에 전세를 역전시키는 데 성공한 전쟁영웅이 되었다. 도대체 무엇이 스탈린으로 하여금 나치 독일을 상대로 끝까지 항전하게 만들었을까?

결정하면 곧바로 실행하라

1941년 6월 22일, 히틀러는 '바바로사Barbarossa'라는 작전명으로 유명한 소련 침공 작전을 개시하기로 했다. 당시 영국 총리 처칠은 독일군이 소련을 향해 병력을 배치하고 있다는 서한을 스탈린에게 보냈지만, 스탈린은 영국이 소련을 전쟁에 끌어들이려 한다고 생각하고 처칠의 경고를 무시했다. 6월 21일 밤, 독일군이 소련을 침공할 것이라는 정보를 입수한 주코프는 당장 1급 전투 준비태세를 갖추어야 한다고 스탈린에게 전했다. 그러나 스탈린은 "문제가 평화롭게 해결될 수도 있다"라며 "지금 그런 명령을 내리기는 이른 시점"이라고 대답할 뿐이었다.

그러나 독일군은 스탈린의 기대를 저버리고 바람의 속도로 소련을 향해 진격해왔다. 6월 22일 새벽, 히틀러는 190여 개 사단을 이끌고 선전포고도 없이 소련에 공격을 퍼부었다. 스탈린은 그때까지도 눈앞에 벌어진 상황을 제대로 이해하지 못했다. 소련의 방어선은 독일군 기갑부대의 공격에 순식간에 무너져버렸다. 소련에 전적으로 불리한 상황이었지만 독일군의 돌발공격은 소련을 조금도 무너뜨리지 못했다. 오히려 소련군에게 이 사건은 강철 같은 의지를 다지는 계기가 되었다. 스탈린은 독일의 공습에도 전혀 놀라지 않고 "맹렬히 진격하여 적을 섬멸하라"고 명령했다.

스탈린은 결정하면 곧장 행동으로 옮기는 의지의 인물이었다.

독일군이 우크라이나의 키예프Kiev를 공습해온 1941년 8월, 주코프와 스탈린은 전세를 긴급 분석했다. 주코프가 키예프를 포기하고 방어력이 가장 약한 지역에 병력을 집중하자고 주장하자 스탈린은 "고작 생각해낸 전략이 키예프를 적의 손에 넘겨주자는 것이냐"라며 주코프를 우크라이나 근방인 옐냐Yelnya로 보내버렸다. 그 결과는 스탈린을 난처하게 만들었다. 키예프에서의 교전은 소련군의 처참한 패배로 끝났고, 주코프가 지휘한 옐냐 전투는 소련군에게 첫 승리를 안겨주었던 것이다.

스탈린이 한창 키예프에서 독일군을 상대하고 있을 때, 소련의 3대 도시 중 하나인 레닌그라드(Leningrad, 상트페테르부르크의 옛 지명)도 독일군에 포위되어 있었다. 8월 말에는 도시의 삼면이 모두 포위되어 라도가Ladoga 호수와 공중을 통하지 않고는 외부와 연락할 방법이 없었다.

독일군 입장에서 레닌그라드는 독 안에 든 쥐나 다름없었다. 당시 레닌그라드 방위군 사령관이었던 보로실로프(Kliment Yefremovich Voroshilov, 1881~1969)가 보기에도 레닌그라드는 희망이 없었다. 그는 차라리 전선으로 달려가 독일군과 한판 결전을 벌이고 장렬히 전사하는 편이 낫겠다는 생각도 했다. 그러나 스탈린은 레닌그라드를 포기할 수 없었다. 스탈린은 주코프를 레닌그라드로 보내면서 무슨 수를 써서라도 레닌그라드를 방어하라고 명령했다. 당시 국제문제 전문가였던 알렉산더 워스Alexander Worth는 '전선은 이미 혼란에 빠져 있었다. 그러나 주코프가 스탈린의 명령을 받고 레닌그라드에 도착한 지 사흘 만에, 이 도시의 방어진지는 다시 구축되기 시작했다'라고 썼다.

적의 코앞에서 열병식을 거행하다

1941년 10월 2일, 히틀러의 선전부장 괴벨스(Paul Joseph Goebbels, 1897~1945)는 각 신문사에 '특별히 중요한 소식'이 있을 테니 10월 12일 1면을 비워두라고 지시했다. 히틀러는 작전명 '타이푼'으로 소련의 수도 모스크바를 점령, 열흘 안에 전쟁에서 승리한다는 계획을 세워두고 있었다.

독일군은 모스크바를 신속하게 점령하기 위해 74개 사단에 180만 명의 사병, 탱크 170대, 전투기 1,390대, 대포와 폭격포 1만 4,000여 문을 준비하고 있었다. 반면 소련군은 95개 사단에 125만 명의 사병, 탱크 990대, 전투기 677대, 대포와 폭격포 7,600문이 전부였다.

미국의 육군장교 스티븐슨(Adlai Stevenson, 1900~1968)도 "독일군이 한 달 내에, 길면 석 달 내에 소련을 완전히 점령할 것"이라고 예측했고, 영국 참모부도 "모스크바는 2주에서 6주 사이에 점령당할 것"이며 "독일군이 단숨에 소련을 뚫고 지나갈 것"이라고 내다보았다. 히틀러 역시 의기양양해서 "모스크바에서 투항해온다 해도 받아들이지 않을 것"이라며 "모스크바의 붉은 광장에서 나치군의 열병식을 보게 될 것"이라고 호언장담했다.

1941년 11월 7일은 소련의 10월 혁명 기념일이었다. 이 무렵 독일군 선봉대는 이미 모스크바 교외까지 진격해 있었다. 희미하게나마 크렘린궁의 나선형 첨탑이 보이는 위치였다. 긴급한 상황을 예감한 각국의 외교 사절단이 하나둘 모스크바를 떠났다. 그러나 스탈린은 모스크바를 지키기 위해 직접 전투를 지휘하기로 마음먹고, 11월 7일에 군사들의 사기를 높이기 위해 모스크바에서 열병식을 거행하기로 했다. 뜻밖의 열병식 소식에 놀란 총참모부장 주코프와 모스크바 군구 사령관, 공군 사령관에게 스탈린이 말했다.

"모스크바 시민을 위해서만이 아니라 전국 군대의 사기를 진작시키기 위해서라도 열병식은 반드시 거행한다."

스탈린은 주코프에게 열병식 기간 동안 모스크바가 공습을 받지 않도록 하라고 명령하고, 각 방송사에는 열병식 현장을 촬영해 전국 각지에서 상영하라고 명했다.

이런 상황에서 열병식을 거행한다는 것은 대단한 모험이 아닐 수 없었다. 열병식 소식을 들은 독일군은 육군과 공군 병력을 총동원하여 방어선을 뚫고 붉은 광장으로 진격하기로 했다. 그런데 바로 그때, 독일군으로서는 전혀 예상치 못한 일이 일어났다. 히틀러는 우연히 라디오를 듣다가 독일군에게 익숙한 군악과 구령을 듣게 되었다. 그런데 그 사이사이에 러시아어가 들리는 것이 아닌가. 그제야 그 방송이 소련군의 열병식 중계임을 알게 되었다. 히틀러는 당장 공군 사령관을 불렀다.

"바보 같은 것들! 바로 코앞에서 소련군이 열병식을 하게 놔두다니!"

스탈린은 전체 정치국 부원이 참석한 자리에서 '위대한 10월 사회주의 혁명 24주년 기념 연설'을 마친 뒤, 이번 전쟁은 나라를 지키기 위한 항전이라는 것을 다시 한 번 전 국민들에게 주지시켰다. 열병식에서 사기가 한껏 고양된 사병들은 붉은 광장에서 곧바로 전쟁터로 향했다. 스탈린에게 보기 좋게 한 방 먹은 히틀러는 분노를 억누를 수 없었다. 이것은 스탈린이 히틀러를 상대로 한 심리전에서 거둔 첫 승리였다. 군사적으로는 여전히 소련이 열세였지만 말이다.

이 모든 과정에서 그 어떤 적군도, 아군도 스탈린의 의지를 꺾지 못했다. 이런 의지는 다름 아닌 스탈린의 성장과정에서 단련된 것이었다.

강철은 어떻게 단련되는가

───────── ✎ ─────────

스탈린 자신이 직접 지은 '스탈린'이라는 이름은 '강철'이라는 뜻이다.

스탈린은 1913년 2월 페테르부르크에서 체포되어 4년간 유배생활을 했다. 유배지는 북극에 가까운 시베리아 북부로, 거의 1년 내내 혹한의 기후를 보이는 땅이었다. 겨울이 되면 하루 중 한두 시간밖에 해를 볼 수 없는 어둠의 시간이 이어졌다. 많은 유형수가 유배지에서의 고통스러운 생활을 견디지 못하고 자살했지만, 스탈린은 특유의 강인한 의지로 유배생활을 견뎌냈을 뿐 아니라 고난 속에서도 나름의 의미를 찾으려 노력했다.

훗날 그는 시베리아에 대해 언급할 때마다 설원의 아름다움을 떠올리면서 그 지역 인민들에 대한 애정을 표현하곤 했다. 그는 음울한 유배생활 속에서도 현지 지역민과 어울리는 법이며 엄동설한에 물고기 잡는 법 등을 배우며 자신의 의지를 단련해나갔다.

또한 자신의 지난 삶과 정치 투쟁을 돌아보면서 낙후된 소련을 개혁하여 강성대국으로 만들겠다는 신념을 다시 한 번 확고히 다졌다.

스탈린은 유배생활에서 단련된 의지를 바탕으로 자신의 정치활동을 이어나갔고, 1924년 1월에 레닌이 사망한 뒤에는 당과 정부의 최고지도자가 되었다.

곤경 속에서 더 냉철해져라

━━━━━━━━━ ❋ ━━━━━━━━━

미국의 전 국무장관 헨리 키신저는 스탈린에 대해 "확신 없는 전쟁에는 절대 뛰어들지 않을 정도로 이성적이었다", "외교적으로는 결코 상대국의 도발을 용납하지 않았고, 자국이 경거망동하거나 오만하게 나오지도 않았다"고 평한 바 있다. 스탈린은 애초에 유럽에서 벌어지는 전쟁에 끼어들고 싶지 않았다. 그래서 독일과 '독소 불가침 조약'도 체결했는데, 히틀러에 대한 오판 때문에 한동안 부하들의 경고를 무시하는 잘못을 범하고 말았다.

그러다가 독일군이 소련을 공습해오자 비로소 정신이 번쩍 들었다. 히틀러를 무너뜨려야만 소련이 유럽의 틈바구니에서 평화를 얻을 수 있다는 생각이 든 것이다. 이후 스탈린은 강철 같은 의지로 전 인민을 단합시켜 소련의 평화를 방해하는 모든 난관을 하나하나 뛰어넘었다. 1941년 11월 7일에 붉은 광장에서 거행한 열병식은 그 의지를 대외에 천명하는 의식과도 같았다. 제2차 세계대전이 발발한 이후 소련은 전적으로 스탈린의 의지에 따라 대반격을 펼쳤다. 스탈린은 모스크바를 사수하기 위한 전투에 모든 인민의 역량을 집중시켰다.

심리학에서 말하는 의지란 의식적으로 목표를 확립하는 능력과 행동 조절능력, 행동에 대한 지배력, 좌절이나 난관을 극복하고 원래 목표를 실현하고자 하는 노력 등을 가리킨다. 의지는 주관적인 노력이기 때문에 의지라는 역량의 기초가 되는 것은 동기다. 동기가 강할수록 의지도 굳건해진다. 자아효능감이 강했던 스탈린은 누구보다도 높은 성취욕을 가지고 있었고, 중단 없는 노력을 통해 마침내 목표에 다다를 수 있었다. 스탈린의 강철의지는 좌절을 만날수록 용감해지고 곤경을 만날수록 냉철해졌다. 그가 거의 매번 이상적인 결정을 내릴 수 있었던 것도 바로 이런 의지 때문이었다.

'스탈린이 여전히 모스크바를 지키고 있다'는 소식은 소련 국민들을 고무시켰을 뿐 아니라 군인들의 사기 또한 크게 진작시켰다.

훗날 어떤 사람은 스탈린에 대해 "전투 의지와 일처리의 냉정함은 일류, 군사적 판단능력은 이류였으나 나중에는 모두 일류가 되었다"라고 평가하기도 했다.

예문 의지라는 품성

1. 의지의 자각성

   행동의 목적을 인식한 상태에서 자신의 행동을 지배함으로써 목적을 달성하는 품성을 가리킨다. 자각성을 지닌 사람은 시류에 휩쓸리지 않고, 외부의 압력에도 굴복하지 않으며, 독립적인 판단에 따라 결정하고 행동한다. 자각성의 반대는 피암시성, 동조성, 추종성이다.

2. 의지의 과단성

   기회를 놓치지 않고 신속하게 결정하는 품성을 가리킨다. 과단성의 반대는 우유부단과 경솔함이다.

3. 의지의 견인성

   고난에 처했을 때 움츠러들지 않고 끝까지 버텨 나가는 태도로, 의연함이라고도 할 수 있다. 견인성堅靭性의 반대는 쉽게 동요하거나 지나치게 고집스러운 태도다.

4. 의지의 자제성

자신의 정서와 행동을 잘 관리하는 능력으로, 자제력이라고도 한다.

자제성의 반대는 유약함과 임의성이다.

결정의 순간 흔들리는 당신을 위하여

　문명화된 현대사회에서 우리는 삶의 많은 편의를 다른 사람의 서비스에 의존한다. 의식주는 물론 교육, 예술, 교통, 자문, 심지어 위로에 이르기까지. 그러나 단 하나, 자신의 삶에서 아웃소싱할 수 없는 것이 있다. 바로 문제 해결을 위한 의사결정이다. 지식이나 조언은 남에게 의지할 수 있지만 마지막 결정은 혼자 힘으로 해야 한다. 결정을 해야 하는 순간은 그야말로 모든 것이 '결정적' 기로에 서 있는 순간이지만 가장 외롭고 힘든 시간이기도 하다.

　결정은 어렵다. 흔히 '가장 나쁜 결정은 아무것도 선택하지 않는 것'이라고 하지만 정말 아무것도 선택할 수 없을 것 같은 순간이 있다. 주식투자 등 재테크를 하는 사람이나 중요한 시험을 앞두고 공부를 하는 학생, 살얼음판 같은 승부의 그라운드에 서는 스포츠 선수라면 느낄 것이다. 자신이 하고 있는 그 노력이 매우 심리적이라는 사실을.

　나는 무엇을 얻기 위해 무엇을 버릴 수 있는가. 나에게 진실로 중요한 것은 무엇인가. 지금이 무언가를 할 '그때'인가 아닌가. 우리는 결정을 앞둘 때마다 우리를 혼란스럽게 하는 많은 질문과 마주친다. 그러나 그 답은 다른 데서 베껴올 수가 없다. 결정만은 절대로 남이 대신해줄 수 없기 때문이다. 결정의 대가가 되기 위해서는 나 자신부터 잘 알아야 한다.

결정을 하는 과정에서는 신념이라든가 안목, 통찰과 같은 미덕뿐 아니라 불안이나 열등감 같은 부정적 요소가 위력을 발휘하기도 한다. 그래서일까. 모든 조건을 따져보고도 전혀 엉뚱한 결정을 내리는 사람이 있는가 하면, 모두가 반대하는 결정을 밀어붙여서 성공적인 결과를 얻어내는 사람도 있다. 열 사람에게 조언을 구하고도 우유부단함으로 타이밍을 놓쳐버리는 사람이 있고, 모든 것을 검토하고도 번복하는 바람에 일을 망치는 사람이 있다.

결정은 단순히 가장 좋아 보이는 선택지를 고르기만 하는 기술적 문제가 아니다. 무엇이 최선인지를 판단할 안목도 있어야 하고, 이미 내린 결정에 후회하지 않을 자신도 있어야 한다. 자신이 내린 결정의 결과 또한 감수해야 한다. 그런 의미에서 결정은 그 사람의 성격, 무의식, 가치관 등이 반영되는 매우 심리적인 작업이자 그 사람의 지식이나 재능에 앞서 '인성'이 가장 중요한 영향을 미치는 생활의 예술은 아닐까.

크게는 성공하기 위해, 작게는 후회하지 않기 위해서도 중요한 의사결정. 어떻게 하면 문제를 성공적으로 해결하고 나중에 뒤돌아보아도 후회하지 않을 결정을 할 수 있을까?

망설임은 짧을수록 좋다. 유예가 길어질수록 '대승'을 거둘 기회로부터도 멀어진다. 일단 큰 방향을 정했으면 전력 질주하라. 그래야 그 결정이 탁월한 성취로 이어질 수 있기 때문이다.

결정이 성공적인 결과로 이어지려면, 자신에 대한 굳은 믿음과 의연함이 있어야 한다. 명확한 목표, 성공하려는 열망, 자신에 대한 믿음, 굳은 의지가 바로 심리학에서 말하는 '의연함'의 조건이다. 의연한 사람은 변화 속에서도 믿음을 갖고 전환의 기회를 찾을 수 있다.

심사숙고 끝에 결정했다면, 번복하지 마라. 한번 정한 목표를 쉽게 바꾸지 않기 위해서는 지혜를 알아보는 안목과 용기가 필요하다. 판단의 안목은 전체를 보는 시야와 끊임없는 공부를 통해 얻어진다. 집착하는 문제 하나하나에 갇히지 말고, 그것과 관련된 전체를 보라. 정확한 판단의 기초는 정밀한 자료를 얻어 종합적으로 분석하는 것뿐이다.

그러나 너무 긴장하지는 말기를. 지나치게 정확성을 추구하다가 도리어 혼란스러운 결정을 내릴 수도 있고, 적당히 모호한 가능성을 남겨두었을 때 오히려 가장 정확한 선택을 할 수도 있으므로.

마지막으로, 이 책에서 저자가 밝히는 성공적인 의사결정을 위한 '세 가지 보물'은 '생각은 과감하게, 결정은 천천히, 행동은 빠르게'이다. 과감하게 생각하면 생각의 길이 넓게 열리면서 결정의 핵심이 되는 실마리를 찾을 수 있고, 천천히 결정하면 무엇을 택해야 할지 분명해지고 선택의 결과도 실제에 부합하게 하며, 모든 결정이 이루어졌다면 빠르게 행동하는 것만이 가장 좋은 실행이라는 것이다.

이 책은 중국에서는 최초로 하버드 대학에서 교육심리학 박사학위를 받은 웨샤오둥 교수가 쓴 심리해설서로, 의사결정에 관한 심리학 이론 외에 중용, 변통, 권력관계 속에서의 처세 등 중국의 역사과 고전에 기반한 현실적 지혜도 함께 제시하고 있다. 경영 책임자나 정치적 지도자는 물론 자기 삶의 갈림길 앞에서 고민하는 모든 '의사결정'의 주체들이 심리학 관점에서 사람과 일을 이해하고 더 나은 결정의 묘妙를 얻는 데 도움이 되기를 바란다.

박주은

KI신서 5252

후회 없는 결정

초판 1쇄 인쇄 2013년 12월 8일
초판 1쇄 발행 2013년 12월 13일

지은이 웨샤오둥 **옮긴이** 박주은
펴낸이 김영곤 **펴낸곳** (주)북이십일 21세기북스
부사장 임병주 **출판사업부문 이사** 주명석
해외기획실장 김상수 **해외콘텐츠개발팀** 이현정 백은혜
해외기획팀 김영희 송효진 **디자인** 김인수
마케팅영업본부장 이희영 **영업** 이경희 정경원 정병철
마케팅 김현섭 최혜령 강서영
출판등록 2000년 5월 6일 제10-1965호
주소 (우 413-120) 경기도 파주시 회동길 201(문발동)
대표전화 031-955-2100 **팩스** 031-955-2151 **이메일** book21@book21.co.kr
홈페이지 www.book21.com **트위터** @21cbook **블로그** b.book21.com

ISBN 978-89-509-5194-8 13320
책값은 뒤표지에 있습니다.